封关启航

海南迈向高水平自由贸易港

朱博恩 著

中国财经出版传媒集团
经济科学出版社
·北京·

图书在版编目（CIP）数据

封关启航：海南迈向高水平自由贸易港 / 朱博恩著. -- 北京：经济科学出版社，2025.6. -- ISBN 978-7-5218-6990-3

Ⅰ. F752.866

中国国家版本馆 CIP 数据核字第 20254VL463 号

责任编辑：崔新艳
责任校对：蒋子明
责任印制：范 艳

封关启航：海南迈向高水平自由贸易港
FENGGUAN QIHANG: HAINAN MAIXIANG GAOSHUIPING ZIYOU MAOYIGANG

朱博恩 著

经济科学出版社出版、发行 新华书店经销
社址：北京市海淀区阜成路甲 28 号 邮编：100142
经管编辑中心电话：010-88191335 发行部电话：010-88191522
网址：www.esp.com.cn
电子邮箱：espcxy@126.com
天猫网店：经济科学出版社旗舰店
网址：http://jjkxcbs.tmall.com
北京季蜂印刷有限公司印装
710×1000 16 开 10.25 印张 180000 字
2025 年 6 月第 1 版 2025 年 6 月第 1 次印刷
ISBN 978-7-5218-6990-3 定价：56.00 元
(图书出现印装问题，本社负责调换。电话：010-88191545)
(版权所有 侵权必究 打击盗版 举报热线：010-88191661
QQ：2242791300 营销中心电话：010-88191537
电子邮箱：dbts@esp.com.cn)

前　言

2018年4月13日，习近平总书记在庆祝海南建省办经济特区30周年大会上发表重要讲话，提出支持海南建设中国特色自由贸易港。2020年6月1日，中共中央、国务院发布《海南自由贸易港建设总体方案》（以下简称《总体方案》），对海南自由贸易港顶层设计的落地实施作出了全面部署。《总体方案》发布以来，海南自由贸易港建设进入全面实施阶段，制度创新成果不断涌现，经济发展成效初步显现。根据《总体方案》，海南自由贸易港要在2025年前适时启动封关运作，实现第一阶段建设的发展目标，初步形成以贸易投资自由化便利化为重点，贸易、投资、跨境资金流动、人员进出、运输来往自由便利，数据安全有序流动的自由贸易港政策和制度体系，正式运行"一线"放开、"二线"管住、岛内自由的海关监管特殊区域。

当前，海南自由贸易港正处在即将启动封关运作的关键时期，海南正以全省之力确保封关运作顺利推进。封关运作是海南迈向高水平自由贸易港的重要转折点，其正式启动意味着海南自由贸易港政策制度体系初步建成，海南的制度型开放水平将提升到前所未有的高度。然而，鉴于海南长期以来的经济发展基础和对外开放水平，封关运作也是一项既紧迫又艰巨的任务，相关制度创新对标全球最高开放水平，已有经验不足以支撑海南自由贸易港的制度创新需求。因此，封关运作对于海南自由贸易港建设而言具有重要意义，同时也是海南自由贸易港前期建设面临的最大挑战。

本书基于上述背景，深入研究相关制度安排，旨在为海南自由贸易港顺利实现封关运作提供参考。本书的第1章为绪论，包括研究背景、意义、方法等内容。第2章为自由贸易港概述。该章首先总结了自由贸易港的概念和特征，进而在梳理我国设立对外开放特殊区域发展历程的基础上，提出了中国特色自由贸易港的内涵特征、目标定位与建设意义。第3章为国际典型自由贸易港建设的成功经验及启示，选取香港、新加坡和迪拜①作为国际典型自由贸易港的代表，对比分析三者贸易自由便利、投资自由便利、跨境资金流动自由便利、人员进出自由便利、法治保障体系、税收优惠制度和运营管理体制的制度特征及具体做法，为海南自由贸易港的建设提供启示。第4章为海南自由贸易港封关运作的制度设计。该章首先论述了海南自由贸易港实施封关运作的政策内涵、主要目的和重要意义，进而结合上一章相关结论，提出海南自由贸易港实施封关运作应把握的重要原则。第5章为海南自由贸易港围绕封关运作制度建设的进展与成效，从顶层制度设计、贸易自由便利、税收制度改革和人员进出自由便利四个方面介绍了海南自由贸易港建设取得的成绩。第6章为海南自由贸易港实施封关运作亟待解决的问题，基于"一线"放开、"二线"管住和税收制度改革的现实推进情况，提出了"一线"放开涉及的目录清单有待出台、"二线"管住的海关监管压力极大、"二线"往来货物监管方案有待明确、"二线"出岛旅客通关监管存在困境、税制改革后存在财政波动风险和政策衔接问题，以及封关后离岛免税购物的政策走向不明确这六个亟待解决的问题。第7章为健全海南自由贸易港封关运作相关制度安排的政策建议，即针对上述六个问题，分别提出了对应的政策建议。第8章为海南自由贸易港封关运作后应重点关注的问题，该章重点从法律体系建设、主导产业发展和配套保障建设三个方面提出海南自由贸易港当前存在的不足。第9章为推动海南自由贸易港封关运作后高质量发展的政策着力点，提出相关政策建议。

本书的写作源于笔者的博士后研究工作。笔者申请开展博士后研究工作之时，恰逢我国提出建设海南自由贸易港，同年，笔者博士后导师赵晋

---

① 本书所提及的香港均指香港自由贸易港，新加坡均指新加坡自由贸易港，迪拜均指迪拜自由贸易港，均不涉及国家概念。

平教授被聘为海南自由贸易港咨询委员会专家，因此笔者近年来以助手身份跟随导师对海南自由贸易港的建设发展进行了跟踪研究，并将相关研究成果梳理形成了笔者的博士后研究报告，之后将报告进一步完善形成本书。因个人的实践经验和知识水平有限，书中难免存在不足之处，望读者批评指正。

朱博恩

2025 年 4 月

目 录

第1章 绪论 ………………………………………………………… 1

    1.1 研究背景 …………………………………………………… 1

    1.2 研究意义 …………………………………………………… 2

    1.3 文献综述 …………………………………………………… 4

    1.4 研究方法 …………………………………………………… 12

    1.5 创新与不足 ………………………………………………… 14

第2章 自由贸易港概述 …………………………………………… 16

    2.1 自由贸易港的概念、演变和特征 ………………………… 16

    2.2 我国设立对外开放特殊区域的发展历程 ………………… 22

    2.3 中国特色自由贸易港的内涵特征、目标定位与建设意义 … 26

第3章 国际典型自由贸易港建设的成功经验及启示 …………… 30

    3.1 贸易自由便利 ……………………………………………… 31

    3.2 投资自由便利 ……………………………………………… 33

    3.3 跨境资金流动自由便利 …………………………………… 36

    3.4 人员进出自由便利 ………………………………………… 40

    3.5 法治保障体系 ……………………………………………… 42

    3.6 税收优惠制度 ……………………………………………… 46

    3.7 运营管理体制 ……………………………………………… 49

第4章 海南自由贸易港封关运作的制度设计 …… 53

- 4.1 海南自由贸易港实施封关运作的政策内涵 …… 53
- 4.2 海南自由贸易港实施封关运作的主要目的 …… 56
- 4.3 海南自由贸易港实施封关运作的重要意义 …… 57
- 4.4 海南自由贸易港实施封关运作应把握的重要原则 …… 58

第5章 海南自由贸易港围绕封关运作制度建设的进展与成效 …… 63

- 5.1 顶层制度设计引领自由贸易港建设加速推进 …… 63
- 5.2 贸易自由便利制度创新成果丰硕 …… 66
- 5.3 税收制度改革创新持续释放政策红利 …… 70
- 5.4 人员进出自由便利制度建设稳步推进 …… 73

第6章 海南自由贸易港实施封关运作亟待解决的问题 …… 76

- 6.1 "一线"放开涉及目录清单有待出台 …… 76
- 6.2 "二线"管住的海关监管压力极大 …… 77
- 6.3 "二线"往来货物监管方案有待明确 …… 79
- 6.4 "二线"出岛旅客通关监管存在困境 …… 81
- 6.5 税制改革后存在财政波动风险和政策衔接问题 …… 83
- 6.6 封关后离岛免税购物的政策走向不明确 …… 85

第7章 健全海南自由贸易港封关运作相关制度安排的政策建议 …… 87

- 7.1 加快"一线"放开配套制度建设,逐步承担更多压力测试功能 …… 87
- 7.2 利用信息技术推动监管创新,建立健全事中、事后监管体系 …… 88
- 7.3 完善"二线"货物进岛监管方案,优化加工增值免关税政策 …… 90
- 7.4 明确"二线"旅客通关监管职责,创新监管方案保障无感通关 …… 92

7.5 适度扩大中央对海南转移支付力度，多措并举确保销售税改革平稳过渡 …………………………………………………… 93

7.6 明确封关运作后免税物品监管问题，不断完善离岛免税购物配套制度 …………………………………………………… 95

第8章 海南自由贸易港封关运作后应重点关注的问题 ……… 98

8.1 法治化建设取得初步进展，但法律法规体系仍需完善 ……… 98

8.2 产业发展基础较为薄弱，主导产业核心竞争力不足 ……… 101

8.3 综合配套保障存在不足，政府治理能力有待提升 ……… 105

第9章 推动海南自由贸易港封关运作后高质量发展的政策着力点 …………………………………………… 108

9.1 加快推动法治化制度集成创新，为自由贸易港高质量发展保驾护航 ……………………………………………… 108

9.2 发挥特色优势走好差异化道路，加快主导产业进一步聚焦发展 ……………………………………………… 112

9.3 着力推进综合配套保障补短板，加快实现政府治理能力现代化 ……………………………………………… 116

附录1 海南自由贸易港建设总体方案 ……………………………… 119
附录2 中华人民共和国海南自由贸易港法 ………………………… 136
参考文献 ……………………………………………………………… 145

第1章 绪　　论

1.1　研究背景

在新的历史时期，为了进一步加大我国的对外开放力度，自由贸易试验区被赋予了先行先试的重要使命。海南自由贸易试验区于2018年正式挂牌成立，其发展目标是打造"高标准、高质量"的自由贸易试验区。在海南自由贸易试验区建设两年来取得显著成效的基础上，2020年6月《海南自由贸易港建设总体方案》（以下简称《总体方案》）出台。《总体方案》的出台标志着海南自由贸易港建设全面启动。中国特色自由贸易港（自由贸易港简称为自贸港）的建设，不仅是以高水平的对外开放推动经济实现高质量发展的重大举措，更是我国积极引领经济全球化的实际行动。

通过对比《中国（海南）自由贸易试验区总体方案》和《海南自由贸易港建设总体方案》可以看出，自由贸易试验区和自由贸易港在我国经济发展中分别扮演着不同的角色。这两者虽然都是我国在新时代背景下深化改革和扩大开放的重要战略举措，但它们肩负的历史使命和具体任务各有侧重，体现了我国在不同阶段、不同领域的战略布局和政策导向。自由贸易试验区被定位为改革开放的"试验田"。自由贸易试验区的建设重点在于通过制度创新，探索出一条适合我国国情的发展道路。在自由贸易试验区内进行大胆尝试和实践，形成可复制、可推广的成功经验，有利于推动全国范围内的改革和发展。海南自由贸易港不仅要成为全国范围内的开放高地，更要在全球范围内展现其开放的姿态和实力。2021年《中华人民共和国海南自由贸易港法》（以下简称《海南自由贸易港法》）的出台，进一步从上位法层面明确了海南自由贸易港封关运作的制度。自由贸易试验区与自由贸易港有显著差别。

自由贸易试验区内部既有海关特殊监管区域，也有非海关特殊监管区域，不具备全域封关运作的条件，不是真正的"境内关外"；从贸易、投资、资金流动和人员进出的自由便利等要素来看，我国自由贸易试验区与国际成熟的自由贸易港相比还有较大差距（赵晋平，2020）。

根据《总体方案》的要求，海南自由贸易港要分步骤分阶段实现如下建设任务：2025年前重点围绕贸易投资自由化便利化，在有效监管基础上，有序推进开放进程，推动各类要素便捷高效流动，形成早期收获，适时启动全岛封关运作；2035年前进一步优化完善开放政策和相关制度安排，全面实现贸易自由便利、投资自由便利、跨境资金流动自由便利、人员进出自由便利、运输来往自由便利和数据安全有序流动，推进建设高水平自由贸易港。《总体方案》对海南自由贸易港的规划，不仅体现出国家对海南未来发展的高度重视，也反映出海南在经济转型和开放升级中的巨大潜力。基于海南长期以来的经济发展现实，《总体方案》所提出的自由贸易港建设任务无疑是一个极具挑战性的任务。启动封关运作是海南自由贸易港建设的关键节点，为在2025年底前顺利完成此项工作，海南还需加快推进多方面配套制度建设。以封关运作为分界线，在启动封关运作之前，海南亟须完善通关自由便利和税收制度改革等方面的配套制度；在正式封关运作之后，需进一步在法治体系建设、产业转型升级、综合配套保障等方面进行全面、深入、持续的改革。

1.2 研究意义

稳步推进海南自由贸易港建设对新时期我国经济实现高质量发展具有重要意义。首先，从国际层面来看，海南自由贸易港的建设是对当今世界"百年未有之大变局"的积极应对。在全球经济环境复杂多变、贸易保护主义兴起以及国际政治经济格局不确定性增加的背景下，我国经济稳定增长面临着诸多挑战。海南自由贸易港的建设，作为我国深化改革、扩大开放的重要举措，不仅能够有效应对外部环境的不利因素，还将有助于提升我国在全球经济中的竞争力，增强我国在国际经济合作与竞争中的话语权、影响力。通过加强我国规则与国际规则的对接，海南自由贸易港将能够有效促进国内外经济要素的自由流动和高效配置，推动我国更深层次地参与全球经济治理，实现与国际市场的深度融合。其次，从国内层面来看，海南自由贸易港的建设是加快推动我国经济高质量发展的战略选择。随着我国经济进入高质量发展阶段，经济结构的优化升级和产业的转型升级成为推动经济增长的关键。海南自由贸易港的建设将为我国经济提供新的动力和发展空间。海南自由贸易港的建设还将推动我国经济体制改革，对全国更大范围的改革开放起到重要引领作用。因此，建设海南自由贸易港是我国应对外部环境复杂变化的积极举措，也是我国深化改革开放、推动经济高质量发展的重要举措。

海南自由贸易港自身独特的概念内涵及战略定位，使海南自由贸易港的建设不同于我国其他自由贸易试验区，也不能照搬国际典型自由贸易港的已有经验。首先，自由贸易港的建设目标明显高于国内其他自由贸易试验区，我国自由贸易试验区的已有建设经验对推进海南自由贸易港建设的参考价值相对有限。从《总体方案》和其他自由贸易试验区建设方案的对比来看，自由贸易港和自由贸易试验区之间存在诸多差异，自由贸易港的建设要求显然更高。尽管我国自由贸易试验区建设取得了积极成效，但也存在不少问题，如赋权不足导致措施落实不到位、市场开放不足、实际效果不及市场预期等。在推进海南自由贸易港建设的过程中，必须充分利用自由贸易港的独特优势解决上述问题。其次，海南自由贸易港与国际典型自由贸易港之间也存在显著区别，在借鉴国际成功经验的同时应格外关注这些差异。海南自由贸易港应在体现中国特色和立足海南现实的基础上借鉴国际经验，切忌脱离现实，盲目照搬。海南自由贸易港具有独特的发展定位和条件，例如，海南自由贸易港经济发展基础较为薄弱，明确不以发展加工贸易为重点；港区面积远远大于国际典型自由贸易港等。因此，应研究总结适合海南自由贸易港发展的国际经验，加快建成具有中国特色的海南自由贸易港。

封关运作是海南建成国际高水平自由贸易港的关键。在海南全岛范围实施封关运作，相较于其他自由贸易试验区或海关特殊监管区，其规模和复杂性不可同日而语。为此《总体方案》使用了"海关监管特殊区域"这一新的概念来专门界定海南自由贸易港封关运作后整片区域的特殊性质。封关运作的启动标志着海南自由贸易港政策制度体系初步建成，因此，封关运作被视为海南自由贸易港建设的"一号工程"。

本书服务于海南自由贸易港建设大局，致力于通过全面深入的分析，研究海南自由贸易港顺利启动封关运作和实现长期高质量发展的配套制度。本书将系统梳理、评估海南自由贸易港的发展现状及现有配套制度，深入剖析存在的问题和不足，并提出有针对性和可操作性的政策建议。

1.3 文献综述

"自由贸易港"（Free Trade Port）严格来说是中央决定支持海南逐步探索、稳步推进中国特色自由贸易港建设以后才开始使用的，本书在梳理相关研究文献时会涉及自由贸易区、自由经济区、保税港区等概念。

1.3.1 自由贸易港基础理论研究

1. 自由贸易理论

自由贸易港的理论基础首先就是自由贸易理论，建设自由贸易港是一国支持自由贸易的体现。自由贸易是国际贸易的发展主线和理念目标，自由贸易理论则是国际贸易理论中最核心的理论和最主流的观点。自由贸易理论最早由亚当·斯密（Adam Smith）提出，其从国内专业化分工的经济现实中发现了专业化分工带来的国民福利提升，从而进一步将这一结论扩展到国际贸易领域，认为国家与国家之间的贸易也应遵循专业化分工的规律，进而通过自由贸易使双方均实现国民福利的提升。这一理论被称为绝对优势理论，其同大卫·李嘉图（David Ricardo）的比较优势理论构成了古典经济学派支持自由贸易的主要理论。自由贸易理论在现代学派的发展下，还形成了"赫克歇尔-俄林理论"（也称"H-O理论"或要素禀赋理论）。二战后，自由贸易理论也得到了进一步发展，新要素贸易理论将人才和技术的因素加入比较优势之中，从而解释"列昂惕夫悖论"。① 国际贸易新理论则根据国际贸易新格局的形成，专注于解释这一格局变化的原因所在。此外，迈克尔·波特（Michael E. Porter）的国家竞争优势理论提出，一国的竞争优势应由要素、需求、市场、相关产业、政府和机遇六个方面共同构成，这一观点也完善了国际贸易的相关理论。

然而，从现实可以看出，往往是发达国家极力推崇自由贸易，发展中国家则更多选择贸易保护的做法。20世纪后期，经济学家们开始反思自由贸易理论在发展中国家的实践，发现由于经济发展水平的不同，尽管自由贸易很可能同时增加发达国家和发展中国家双方的贸易利益，但是利益总体增量在这两类国家之间的分配却是不公平的。不是所有的发展中国家都能够从自由贸易中获得较多利益，还有部分发展中国家可能会因此陷入"中等收入陷阱"，若严格按照自由贸易理论去参与国际分工，本国的产业发展和技术进步可能会因此而被"锁死"。因此，发展中国家的自由贸易之路往往是渐进式的，在经济发展水平不断提高的同时逐步放宽限制。

我国在对外开放方面走出了一条具有中国特色的渐进式发展道路。改革开放以来，我国逐步建立了各类海关特殊监管区，如保税区、出口加工区等，这些区域在特定范围内实行了较为宽松的监管政策和税收优惠，为吸引外资、促进外贸发展发挥了重要作用。随着经济全球化的深入发展和我国市场经济体制的不断完善，自由贸易试验区应运而生。建设中国特色自由贸易港作为新时期我国扩大对外开放的一项重大举措，标志着我国对外开放道路步入了新的阶段。自由贸易港开放力度将远高于海关特殊监管区和自由贸易试验区，其面积覆盖海南全岛，超过了任何已有的国际典型自由贸易港。港区内的制度创新已不局限于单纯的贸易投资范畴，而是在促进贸易投资自由便利的同时还注重社会治理的转型升级。

2. 非均衡发展理论

对于区域经济发展的理论，有两种截然不同的观点，就是均衡发展理论

---

① 根据传统的要素禀赋理论，战后美国出口的应是资本密集型产品，进口的应是劳动密集型产品；但俄裔美国经济学家瓦西里·列昂惕夫采用投入产出法分析战后美国对外贸易发展状况后发现，美国进口的是资本密集型产品，出口的是劳动密集型产品。这与赫-俄模型刚好相反。因此，里昂惕夫的结论被称为"列昂惕夫悖论"。

和非均衡发展理论。均衡发展理论主张各区域应均衡地分享资源和机会，以实现同步增长和平衡发展，其核心理念是通过政府干预实现资源在不同区域间的公平分配。然而，这一理论的前提假设往往基于理想化的市场条件和政策环境，忽略了地理、历史、文化和制度等复杂因素对区域发展的影响，因此在实际应用中，尤其是在发展中国家，其效果往往与预期存在较大差距。相对而言，非均衡发展理论在发展中国家的应用更为广泛。该理论认为，由于历史和现实条件的限制，区域经济发展往往是非均衡的，即某些区域由于拥有更多的资源、更有利的地理位置或更先进的技术优势等，会先于其他区域发展起来。非均衡发展理论强调市场机制在资源配置中的基础性作用，并认为通过优先发展某些区域或产业，可以带动整体经济的增长，进而实现区域间的经济均衡。

在非均衡发展理论中，学者们都认可区域经济往往是非均衡发展的，但在发展到一定程度之后，发达区域和不发达区域之间的差距是会缩小还是扩大，不同学者的观点有所不同。

部分观点认为，发达区域和不发达区域之间的经济发展差距会越来越大，如缪尔达尔（Karl Gunnar Myrdal）提出的循环累积因果论，赫希曼（Albert O. Hirschman）提出的不平衡增长论以及佩鲁（Francois Perroux）和布代维尔（J-R. Boudeville）提出的增长极理论。

缪尔达尔的循环累积因果论和赫希曼的不平衡增长论认为，在发展初期，由于拥有要素禀赋之类的初始优势，发达区域会比其他区域更快实现经济增长，从而形成发展优势，这种优势往往会随着时间推移不断积累，从而持续保持发展优势，并且扩大与其他区域之间的差距。在单纯市场机制发生作用的情况下，促使要素资源持续向发达地区聚集的"回流效应"或"极化效应"将远大于促使要素资源向不发达地区扩散的"扩散效应"或"涓滴效应"，因此在发达地区实现经济快速发展后，需要政府实施干预政策来促进不发达地区的快速追赶，避免经济发展差距进一步扩大。

佩鲁和布代维尔的增长极理论认为，增长会首先出现在具有优势的生产部门，从而形成带动其他产业发展的主导产业部门，进而对整个经济形成积极影响。该理论强调了各产业之间的联动关系。之后，布代维尔又进一步发展了这一理论，将增长极的概念从产业部门扩大到地理区域，即增长极的概念既包含主导优势部门的产业带动发展,也包含特定优势地区的经济辐射发展。在增长极理论下,增长极的出现是一种必然现象,这对整个经济的发展是一件好事。然而,发达部门或地区由于先发优势带来的极化效应却无法被市场机制自发抹除。

也有观点认为,经济发展到一定程度之后,发达区域和不发达区域的经济发展会最终走向趋近,如弗里德曼(John Friedmann)的中心-外围理论和威廉姆逊(William A. Williamson)的倒"U"型理论。

弗里德曼的中心-外围理论认为,经济系统空间结构分为中心和外围两个部分,中心区域具有发展优势,从而吸引要素资源从外围区域向中心区域转移,由中心区域带动外围区域发展,构成明显的二元经济结构。该理论认为,在经济发展到一定程度之后,中心区域带动外围区域发展的这种经济单核发展结构将发生转变,政府政策的干预能够最终导致中心区域和外围区域之间的边界消失,使整个经济实现更高水平的一体化发展。然而,由于缺乏经验支撑,该理论关于二元经济结构最终会消失的这一结论受到了较多的质疑。

威廉姆逊的倒"U"型理论则较好地解决了上述问题,在引入时间因素的基础上,从实证分析的角度验证了经济发展后期经济增长存在对均衡发展的依赖路径,具体表现为:在经济发展初期,区域差异较小,此时发达区域和不发达区域之间尚未出现明显差距;在经济发展中期,由于发达区域的快速发展,区域之间的差距明显扩大,此时发达区域带动整个经济的增长,即增长依赖非均衡发展路径;在经济发展后期,均衡与增长的关系又出现了反转,这一时期经济增长反而依赖均衡发展路径。因此,根据经济发展阶段的不同,不同发展阶段的区域差异出现了倒"U"型的关系。

综上可知,我国提出在海南全岛而非更大范围建设自由贸易港,符合区域经济学的非均衡发展理论。在区域经济学的视域下,非均衡发展理论强调通过集中资源发展某些特定区域,通过增长极的带动作用实现整体经济的增长。但海南的特色优势主要表现在其独特的地理区位上,而非传统意义上的产业发展优势。这一特点与非均衡发展理论中通常依托产业集聚和技术创新等优势的增长极有所不同。根据非均衡发展理论,海南作为我国经济并不发达的省份,若要实现区域经济的跨越式发展,单纯依靠市场机制的自然发展难以满足自由贸易港建设的要求。因此，必须依靠政府的战略规划和政策引导，特别是通过一系列自由贸易港特殊政策措施来吸引国内外资本、技术和人才，推动海南经济的快速发展。但根据非均衡发展理论，考虑到建成高水平自由贸易港之后的海南可能会在很大程度上领先于其他非发达地区，未来可能还需要政府进行二次干预，让海南承担起带动我国其他区域协同发展的责任。

1.3.2 自由贸易港建设经验研究

1. 国外相关文献综述

国外相关研究开始得较早，相关研究主要包括以某个自由贸易港区为代表的案例分析、自由贸易港区所需的发展条件分析以及自由贸易港区带来的经济影响分析。

在自由贸易港区案例分析方面，有学者以美国自由贸易港为例，强调了自由贸易港对供应链整合完善的重要性（Benton et al., 2016）。有学者以加纳自由贸易区为例，强调了自由贸易区建设过程中的经营成本问题，因而应对自由贸易区产生的成本和收益进行通盘考量（Huang et al., 2018）。有学者以马瑙斯自由贸易区为例，研究发现了该地区特殊财政激励机制对地区产业发展和居民收入的积极影响（Castilho et al., 2018）。有学者以乌兹别克斯坦自由经济区为例，强调了营商环境的重要性，认为乌兹别克斯坦自由经济区的商品价格和交易时间成本影响了该区域对投资的吸引力（Khasanovna, 2019）。有学者以多米尼加共和国自由贸易区为例，强调了低税率、简税制的重要性，分析了取消免征公司所得税的影响，认为这一做法对收入较低的工人带来了较大的负面影响（Jenkins and Kuo, 2019）。有学者对比分析了上海港、新加坡港和釜山港的运营效率，认为新加坡港在运营效率方面的表现最为突出（Wang, 2019）。还有学者强调各国建设自由经济区时，既要充分借鉴世界其他国家的已有成功经验，也要充分考虑该国成立自由经济区的政策目的以及该国自身的要素禀赋，以更好地为本国建立自由经济区提供重要启示（Karimovich, 2018）。

在自由贸易港区所需的发展条件方面，学者们强调了不同方面的重要性。

有学者强调了自由贸易港的制度特权,认为只有赋予自由贸易港在制度方面的特殊优势,才能为自由贸易港日后发展打下良好的基础(Rashidov,2018)。有学者强调了自由贸易港特殊政策对外商投资的吸引力,认为更好的投资环境能够加快国民经济发展和增强企业国际竞争力(Deng et al.,2017)。有学者强调了自由贸易港高水平对外开放所需的服务、监管和人才等方面的建设(Hu et al.,2020)。有学者强调了高度自由化的贸易环境,包括货物贸易、资本流动和人员进出等方面高度自由化的重要性(Tian et al.,2018)。有学者强调了服务贸易在自由贸易港建设中的关键作用(Ding and Zhao,2020)。也有学者着重分析了自由贸易港的集聚效应,认为既要不断扩大外部集聚效应,也要充分利用内部集聚效应(Xiong and Zhong,2018)。

部分学者试图构建理论模型来分析自由贸易港区的积极作用。如一些学者通过福利模型分析强调了出口加工区为东道国带来的福利增长(Young and Miyagiwa,1987;Facchini and Willmann,1999);一些学者试图建立自由贸易区的理论模型,并强调自由贸易港(区)对促进国际贸易自由化的重要作用(Grubel,1982);还有学者构建了由三个因素构成的自由港演变模型,分析了自由港的未来发展方向(Lavissière and Rodrigue,2017)。

2. 国内相关文献综述

国内相关研究总体来说起步较晚,虽然 20 世纪 80~90 年代也有部分学者梳理总结了国外自由贸易区的发展经验(郭信昌,1987;詹其桦,1989;樊素洁和王广中,1994),但当时我国尚处于改革开放初期,经济发展水平较弱,因此建设自由贸易区并未很快在我国得以实践。随着我国经济发展的不断提速、对外开放水平的不断提升,我国开始以分批次设立保税区的方式逐步向建设自由贸易区的做法靠拢,特别是在我国加入 WTO 之后,我国保税区的发展也在不断提质升级,国内学者们也对保税区应有的功能定位(周运源,2002;宋黎,2006;刘宏,2007)、转型发展(成思危,2003;张世坤,2005;张海波,2006)和管理体制改革(蒋丹萍,2009)进行了深入研究。

2013 年上海自由贸易试验区的设立,开启了我国分批次设立自由贸易试验区的进程。自由贸易试验区作为具有我国特色的改革开放举措,其内涵超过了过去的保税区等概念,但又同国外较为成熟的自由贸易区不同,更多体现了我国制度创新先行先试的功能。自由贸易试验区的设立也引起了国内学界的广泛关注，部分学者从实证分析的角度验证了设立自由贸易试验区对地区经济增长的积极影响（李宪建，2016；叶修群，2018；刘秉镰和吕程，2018；郎丽华和冯雪，2019），并强调了地区差异对经济增长带动效果的不同；也有部分学者重点关注自由贸易试验区的特定领域，比如金融创新（罗芳和宋惠晔，2014；盛斌，2015；严珊珊和庄赟，2016）、航运业发展（村华，2014）、邮轮产业发展（闵德权等，2018）等诸多领域。

自 2018 年我国提出建设自由贸易港以来，国内关于自由贸易港的研究开始兴起。自由贸易港的设立有助于地区经济发展（张军等，2018；陈诚等，2018），国际成功经验为我国提供了宝贵的参考范本，学者们也对此进行了深入的分析，如新加坡（郭澄澄，2017；田珍，2017；赫璟和张怀松，2020）、迪拜（蔡伟良和陈杰，2007；仝菲，2010）、鹿特丹（戴哲斌，2003；李娟，2013；孙建军和胡佳，2014；孙宝忠，2014；邓春和翟羽，2017）等，并从中总结出了值得我国借鉴的做法，包括法制建设（史本叶，2019）、税收制度（郑燕等，2018；黄庆平和李猛，2019；冯俏彬，2020）、便利化水平（胡耀蕾和胡德宁，2018）、区位及政策优势（王珍珍和赵富蓉，2018；胡方，2019）、发展动力机制（王艳红和孟广文，2015）等。

针对海南自由贸易港的文献也逐渐增多，众多学者们从各个层面开始为海南自由贸易港建设献计献策。学者们认为，建设自由贸易港是我国应对国内外新形势的重要举措（余南平，2018），也是我国建设自由贸易试验区之后的必然选择（崔卫杰，2017），有利于发挥自由贸易港带来的巨大经济效益（朱福林，2018），优化区域价值链（崔凡等，2018），培育我国的国际竞争新优势（桑百川和邓寅，2018），提升我国在全球价值链的位置（蓝庆新和韩萌，2019），有助于我国更加主动地参与经济全球化进程（赵晋平和文丰安，2018），甚至带动整个世界经济的加快复苏（陆燕，2020）。

但是海南建设自由贸易港仍存在许多亟待解决的难题。例如，海南自身的经济发展基础较为薄弱（朱福林，2020），在基础设施建设、配套产业发展以及人才队伍建设等方面存在短板（王艳红和孟广文，2018；曹晓路和王崇敏，2019），"一线"放开和"二线"管住离预期目标差距较大，配套制度和监管能力不足（裴长洪等，2019），市场开放度和营商环境建设也存在着许多问题（竺彩华等，2018）。

因此，学者们对促进海南如何加快建设自由贸易港提出了诸多建议。首先，要明确中国特色自由贸易港的法律地位，加快相关立法进程（王淑敏和陈晓，2018），把法律建设作为建设自由贸易港的依托（刘道远和闫娅君，2019），从法制建设角度来创新自由贸易港的发展模式和管理体制（郑先红和马志毅，2020）。其次，要构建符合海南发展所需的政策体系，把握好开放和风险之间的关系（朱奕名，2019），做好海南自由贸易港负面清单的管理（黄庆平和袁始烨，2018），建设具有国际竞争力的财税制度（刘薇，2019）等。最后，在产业发展方面，海南应走一条符合海南定位的差异化发展道路（曹晓璐和王崇敏，2020），大力发展海南自由贸易港产业定位所需的配套产业和服务（张昭昭，2020），在真正实现海南"境内关外"的基础上，促进港口和产业的联动发展（符正平，2018）。部分学者还尤其强调了服务贸易（李世杰和余升国，2020；余淼杰，2020）、离岸贸易和离岸金融（李猛，2018）、数字经济（沈玉良和彭羽，2020）、海洋服务业（徐志泉，2019）等方面的发展。

针对海南自由贸易港封关运作的专题研究相对较少，已有研究表明，"一线"的开放必然以严格且科学的"二线"管住为前提（汤婧，2020），但海南自由贸易港"一线"放开和"二线"管住离预期目标差距仍较大，配套制度和监管能力不足（裴长洪等，2019）。为有效防范封关运作可能带来的各类风险，必须要有清晰的"境内关外"制度边界（迟福林，2020），要推进自由贸易港背景下海关通关监管流程再造（冯尔策，2022），加快构建通关模式创新相关制度体系（海南自由贸易港"一线放开、二线管住"通关监管模式创新研究课题组，2022），实现自由贸易港封关运作和分线管理的制度集成创新（郭永泉，2021）。

1.3.3 研究述评

自由贸易港是我国提出的一个概念，并非国际上的统一定义。国外相关研究更多关注国际上的各类自由贸易港区或园区，加上海南自由贸易港建设才刚刚起步，因此，国外文献鲜有针对（我国提出的）自由贸易港这一主题的相关分析。

近年来，国内诸多学者从不同方面对海南自由贸易港建设进行了研究并提出建议，其中既有从整体宏观层面提出的战略性、前瞻性的发展建议，也有从某个具体层面提出的针对性、应用性的发展建议，这些内容为本研究提供了丰富的前期研究基础。

从已有相关研究中可以看出，首先，针对国际典型自由贸易港的经验分析不够深入，有必要深挖不同领域的经验，找出其中对海南自由贸易港未来建设的可借鉴之处；其次，已有文献在分析国际典型自由贸易港的经验时，基本都是孤立分析，即孤立地分析香港、新加坡、迪拜[①]等国际典型自由贸易港的发展经验，缺少这些国际典型自由贸易港之间的横向对比分析以及海南与它们的异同分析；最后，国内现有文献针对海南自由贸易港在封关运作方面存在的问题分析相对有限，且海南自由贸易港建设步伐非常快，相关政策也在陆续推出，很多现实问题也是随着自由贸易港建设的推进才产生的，已有文献难以应对上述新问题。

因此，本书基于国际典型自由贸易港发展经验和对比分析，结合海南自由贸易港《总体方案》和发展现实，深入分析值得海南自由贸易港学习借鉴的方面；以海南自由贸易港封关运作前后的配套制度建设为重点研究对象，深入分析海南配套制度建设方面存在的问题，进而提出具有较强操作性的政策建议。

1.4 研究方法

1.4.1 制度分析法

自由贸易港封关运作涉及经济体制、管理机制、法律法规等多个层面的变革。本书采用制度经济学中的制度分析法，将制度视为影响社会经济发展的关键变量，把制度的优化与创新当作推动自由贸易港建设和海南经济转型

---

① 本书所提及的香港均指香港自由贸易港，新加坡均指新加坡自由贸易港，迪拜均指迪拜自由贸易港，均不涉及国家概念。

增长的关键动力。在分析自由贸易港建设的制度需求和配套政策时，不仅关注经济因素（如贸易投资、税收制度、产业发展等），也重视非经济因素（如法律制度、社会治理等），这些因素共同构成了影响自由贸易港建设和发展的复杂制度环境。本书将剖析国际典型自由贸易港的制度供给情况，探讨其与海南自由贸易港制度设计之间的匹配程度，同时评估已有制度安排的实施现状，分析其与海南自由贸易港建设目标之间存在的差距，从而识别制度建设存在的阻碍因素，提出制度创新的方向和重点。本书涉及的制度分析不仅关注现阶段的制度状态和近期的政策效果，而且着眼于长远的制度演进和持续的经济发展，从动态角度，提出一系列既具前瞻性又具可操作性的制度创新建议。

1.4.2 案例研究法

深入研究和借鉴国际典型自由贸易港的成功经验，对海南自由贸易港封关运作和相关制度建设尤为重要。本书将选取中国香港、新加坡和迪拜作为国际典型自由贸易港的代表进行详细的案例分析。这三个地区虽未使用"自由贸易港"这一术语，而是采用了"自由港"或"自由区"等表述，但其核心内涵与我国自由贸易港高度一致，都是在特定区域内构建不同于区外的高标准对外开放制度政策体系，从而促进贸易、投资等经济活动在此聚集和国内外生产要素资源的跨境自由流动。中国香港、新加坡和迪拜发展至今已在诸多领域实现了全球最高的开放水平，并取得了全球瞩目的经济发展成效，其发展经验具有重要的借鉴意义。

1.4.3 对比分析法

本书在分析海南自由贸易港封关运作及未来高质量发展所需的配套制度建设方面运用了多层次的对比分析法。首先，在对国际典型自由贸易港实践经验进行梳理时，并非将中国香港、新加坡和迪拜的相关经验孤立地进行分析，而是从贸易自由便利、投资自由便利、跨境资金流动自由便利、人员进出自由便利、法治环境建设、税收优惠制度和运营管理体制等方面进行分领域的横向对比分析，从而清楚地比较出三个地区在某一领域具体做法的异同。

其次，国际成功经验对海南建设自由贸易港的启示也涉及两个层面的对比分析：一方面，明确海南自由贸易港的顶层制度设计与国际典型自由贸易港之间存在哪些异同，从而知道哪些经验值得海南借鉴，哪些做法不符合海南自由贸易港定位；另一方面，正视现阶段海南与国际典型自由贸易港发展水平上的差距，指出海南在哪些领域可以尽快对标，在哪些领域需要渐进式推进改革。最后，在分析海南自由贸易港封关运作及未来高质量发展所需的配套制度建设存在的问题时，主要通过对比海南自由贸易港的建设现状与发展目标之间的差距，找出自由贸易港建设工作中存在的主要制度性障碍，从而提出完善相关配套制度建设的政策建议。

1.4.4　实地调研法

本书的研究分析，是在笔者近年来多次赴海南实地调研完成的博士后报告《海南自由贸易港封关运作的相关制度安排研究》基础上进一步完善后形成的。自2018年开始，笔者每年在海南进行实地调研，获得了本书研究宝贵的第一手资料；通过实地参观考察以及与相关政府部门和企业负责人座谈交流，得以从政府和企业两个层面，深入了解到海南自由贸易港在推进制度改革创新过程中面临的主要政策障碍和实际操作难点。

1.5　创新与不足

本研究可能的创新之处主要体现在三个方面。第一，本研究关于国际典型自由贸易港具体做法的横向对比分析是对已有相关研究的延伸与拓展。尽管已有文献提供了丰富的研究资料，尤其是针对香港、新加坡和迪拜等地区，但这些研究往往缺乏系统的横向对比分析。本研究在详尽梳理这些地区发展经验的基础上，进行了深入的横向对比分析，揭示了不同自由贸易港在贸易自由便利、投资自由便利、跨境资金流动自由便利、人员进出自由便利、法治环境建设、税收优惠制度和运营管理体制等方面的共性与差异，丰富了现有相关研究成果。第二，本研究重点关注海南自由贸易港封关运作问题，在研究视角上具有一定的新颖性。尽管已有文献对海南自由贸易港进行了较为丰富的研究，但专门针对封关运作配套制度建设的研究仍相对较少。本研究深入分析了其配套制度建设的现状、问题，并提出相应对策，对海南自由贸易港按期启动封关运作和封关运作后的高质量发展具有学术参考和实践指导意义。第三，笔者近年来多次实地参与海南自由贸易港的调研和座谈活动，对海南自由贸易港制度建设存在的问题有深入了解，因而本研究提出的政策建议更具针对性和可行性。

笔者尽力对海南自由贸易港封关运作相关制度建设问题进行深入探讨，但仍存在诸多不足。一方面，海南自由贸易港的建设是一项多维度、跨领域的长期复杂的系统工程，涵盖贸易、投资、产业、金融、法律、社会治理等多个层面，本书难以在所有领域均提出最具实操性的政策建议。另一方面，海南自由贸易港的建设是一个动态发展的过程，随着建设工作的推进，新的挑战和问题还将涌现，尤其是封关运作之后的形势判断和应对建议，需要根据新情况及时调整，以确保其适应性和有效性。

第 2 章　自由贸易港概述

2.1　自由贸易港的概念、演变和特征

2.1.1　自由贸易港的相关概念

国际上对自由贸易港并没有统一的定义，从内涵上看，自由贸易港属于自由贸易园区的范畴。

自由贸易园区是指一国关境内的特别经济区，各国具有给予特殊监管与政策的自主权。1973 年，国际海关理事会签订的《关于简化和协调海关业务制度的国际公约》（以下简称《京都公约》）将自由区（Free Zone）定义为："指一国的部分领土，在这部分领土内运入的任何货物，就进口税及其他各税而言，被认为在关境之外（并免予实施惯常的海关监管制度）。"1999 年实施的《关于简化和协调海关制度的国际公约修正案议定书》（以下简称《京都公约（修正案）》，在专项附约四"海关仓库和自由区"第二章"自由区"中对自由区重新进行了定义："指缔约方境内的一部分，进入这一部分的任何货物，就进口税费而言，通常视为在关境之外。"

这个定义重点包含两层意思：一是自由区是缔约方境内的一部分；二是就"进口税费而言"，进入自由区的任何货物通常视为在关境之外。《京都公约》编译委员会在该书前言中阐述了自由区与进口加工中保税的区别："自由区在做法上或操作方式上似乎与我国海关的保税区相似，但实际上不一样。主要差别在基本概念上。自由区是关境内的一个地域，就进口税费而言视为关境外，因此进入自由区的货物没有税，进入自由区的货物也不需要申报。保税区的'保税'意味着应该征税，但有条件地予以免除税费。基本概念的不同，实际上反映了基本权利与义务的不一样。"除了给出定义外，该章还

就"原则""设立和监管""货物的准入""担保""授权的作业""自由区内消费的货物""存放期""所有权的转让""货物的运出""税费的估定""自由区的关闭"分别做出规定,一共21条,其中标准条款17项,建议条款4项。中国政府于2016年宣布接受了该章标准条款的所有内容,但对建议条款持保留意见。

根据《京都公约(修正案)》关于自由区的概念界定及相关解释,可以梳理出自由区的三个特征。第一,国家行为。自由区的设立及其运作规范(包括允许进入区内的货物类型、货物在区内应遵循的作业性质,以及对进出区货物的税收政策等),均需通过国家层面的立法来明确和规范。通过立法,为不同于区外的海关特殊监管和税收征管政策提供法律依据。第二,"境内关外"。"境内关外"主要体现在税收方面,即自由区的税收政策与区外存在显著差异。自由区虽在"境内"但从税收角度来看却属于"关外",国内货物一旦进入自由区,便被视为已经出口,享受出口退税等税收优惠;境外货物若进入自由区,在未正式进入国内市场之前,也无须缴纳进口关税和其他相关税费。这种税收安排有助于降低贸易成本,提高贸易效率,吸引更多的国内外货物在自由区集散,但就海关管理而言,海关有权随时核对存放在自由区的货物。第三,自由化。自由区拥有高度自由化的货物流通环境,区内货物的进出原则上不受限制,除涉及安全、健康、环保等特殊情况外,自由区不得禁止或限制货物的进入、所有权的转让以及货物的运出。第四,便利化。自由区采取了一系列高度便利化的措施,货物进出自由区的流程被大幅简化,如进出自由区时的申报仅限交验单证或随附单证,因而大幅降低了企业交易成本,缩短了货物通关时间。这些措施与自由化政策相辅相成,共同构成了自由区的特殊监管体系。

全球范围已建立的自由贸易园区超过4000个,各国建立的自由贸易园区基本与《京都公约》中的定义相近,但各国出于不同发展目的,采取了不同的发展模式,也产生了自由港、自由区、对外贸易区等十几种自由贸易园区称谓(见表2-1)。

表 2-1　　　　　　　　自由贸易园区的多种称谓

称谓	最早使用者
自由港（Free Port）	19 世纪前的传统称谓
自由贸易区（Free Trade Zone）	传统称谓、多边机构惯用称谓
对外贸易区（Foreign Trade Zone）	美国（1935）、印度（1983）
工业自由区（Industrial Free Zone）	爱尔兰（1970 年前）
自由区（Free Zone）	WCO 称谓、阿联酋（1983）
边境客户工业区（Maquiladora Zone）	墨西哥（1970）
免税出口加工区（Duty Free Export Processing Zone）	爱尔兰（1975）
出口加工区（Export Processing Zone）	中国台湾、韩国（1975）
经济特区（Special Economic Zone）	菲律宾（1977）
投资促进区（Investment Promotion Zone）	斯里兰卡（1977）
自由出口区（Free Export Zone）	韩国（1970）
关税自由区（Customs Free Zone）	韩国（2000）
保税区（Bonded Area）	中国大陆（1990）
保税港区（Free Trade Port Zone）	中国大陆（2005）
自由贸易港区（Free Trade Port Zone）	中国台湾（2003）
自由经济区（Free Economic Zone）	韩国（2003）
自由经济示范区（Free Economic Pilot Zones）	中国台湾（2013）
自由贸易试验区（Pilot Free Trade Port Zone）	中国大陆（2013）

资料来源：刘恩专．世界自由贸易港区发展经验与政策体系［M］．上海：格致出版社，2018．

2.1.2　自由贸易港的功能演变

联合国贸易和发展会议（United Nations Conferenceon Trade and Development，UNCTAD）在其 1992 年发布的研究报告中提出了"港口代际划分"的理论。该理论根据港口的功能将现代港口分为三代，之后于 1999 年又在此基础上进一步提出了"第四代港口"的概念。自由贸易港（这里主要指世界上的自由港）也相应经历了类似的代际演变。

第一代自由贸易港的起源可追溯至中世纪末的欧洲。随着海上贸易的兴起，一些港口城市开始实施较为宽松的贸易政策，从而在13~14世纪发展成为第一代自由贸易港。这些自由贸易港在18~19世纪达到发展巅峰，成为当时全球贸易网络中的关键节点。第一代自由贸易港主要从事转口贸易和转运业务，部分自由贸易港逐渐具备加工功能，从而更加有效地将运输和贸易两大功能紧密结合起来。

第二代自由贸易港出现于20世纪40年代后，相较于第一代自由贸易港，第二代自由贸易港在空间布局和功能定位上实现了显著的突破和创新。首先，在空间上，第二代自由贸易港不再局限于传统的港口码头区域，而是向港口的腹地区域扩展，形成了更为广阔的经济活动空间。这种空间上的延伸不仅为自由贸易港提供了更大的发展余地，也为港口周边地区的经济发展带来了新的机遇。其次，在功能上，第二代自由贸易港除了保留传统的贸易、物流和仓储功能外，还新增了较高附加值的工业制造功能。这种空间和功能的拓展使第二代自由贸易港不再仅仅是货物的中转站，而是成为集生产、加工、装配于一体的综合性经济区域。20世纪70年代，部分自由贸易港的加工制造开始向高科技、高附加值产业转型，港区内也开始设立科学技术园区，吸引高新技术企业和人才，促进高技术产业的发展。此外，航空运输的兴起使部分内陆枢纽地区建立起了空港类型的自由贸易港区，成为对外开放"飞地"。

第三代自由贸易港出现于20世纪80年代后。第三代自由贸易港具有三个新的发展特征。一是港区产业向高端化、专业化转型。第三代自由贸易港产业往往具有高技术特征，不再以加工贸易为主，而是融合信息技术的应用，朝高附加值方向全面转型。自由贸易港产业发展聚集效应显著，强化了特定产业的集聚发展，甚至形成了专门为特定产业打造的新型自由区。例如迪拜，除了重点从事贸易业务的杰贝阿里自由区和迪拜机场自由区之外，还建立了迪拜网络城、迪拜媒体城、迪拜珠宝城、迪拜汽车城等，在这类新型自由区内的金融、保险、旅游、信息服务等服务业，同样可以享受区内的优惠政策。二是资源配置能力显著增强。第三代自由贸易港具备强大的自主资源配置能力，真正成为综合性的资源配置中心和区域经济枢纽，能够促进商品、资金、信息、技术、人才等各类生产要素自由流动以及集聚。三是呈现港城融合发展趋势。随着功能的进一步拓展，第三代自由贸易港已成为承载更多功能的集成性平台，并且与城市功能逐渐融合。

联合国贸易和发展会议（UNCTAD）于1999年提出了"第四代港口"的概念，将其定义为"空间上相互分离，但通过共同的运营者或管理部门而联系在一起"的港口组织。这一定义超越了狭义港口或单个港口的概念，其内涵为集港口、临港产业和城市功能为一体的港城或者由多个港口组合形成的网络港口群。丹麦的哥本哈根和瑞典的马尔默港口的合并就属于此类。此外，和记黄埔有限公司、迪拜P&O港务公司、新加坡国际港务集团和美国装卸服务公司等，由于在全球布局运营几十家港口，在一定程度上也具备第四代自由贸易港的网络港口群特征。但将"第四代港口"的概念延伸用于定义第四代自由贸易港似乎并不合适。

综上可知，海南自由贸易港直接对标的是第三代自由贸易港，体现了较强的跨越式发展特征。根据海南自由贸易港的发展定位，海南将直接跳过传统自由贸易港的转口贸易和加工贸易发展阶段，以高技术产业和服务业为主导产业，且必然伴随着港城融合发展，因而体现出明显的第三代自由贸易港发展导向。

2.1.3　自由贸易港的基本特征

根据海南省委办公厅组织编写的《海南建设自由贸易试验区、中国特色自由贸易港100问答》，我国将自由贸易港的定义为：当今世界最高水平的开放形态，是设在一国（地区）"境内关外"、货物、资金、人员进出自由、绝大多数商品免征关税的特定区域，是全球开放水平最高的特殊经济功能区。我国要在海南全岛建设自由贸易试验区，探索建设中国特色自由贸易港，"开放水平最高"意味着自由贸易港的开放水平不但高于我国现有的保税区、综保区、出口加工区等海关特殊监管区，甚至还高于国际上一般的自由贸易园区，是开放层次更高、营商环境更优、辐射作用更强的开放新高地。

我国对自由贸易港的定义与《京都公约（修正案）》对自由区的定义相比，两者的内涵上较为接近，都是自由贸易园区的一种，但是自由贸易港的内涵更加丰富，且开放程度和自由化程度更高。综上，自由贸易港也具备自由区的四个基本特征，即国家行为、"境内关外"、自由化和便利化。其中前两个特征与自由区相似，后两个特征则高于自由区。

1. 国家行为

自由贸易港受所在国政府管辖，其主管机构必须对政府负责，代表国家行使管理职能。自由贸易港的立法、管理以及其他经济职能的行使，都体现的是国家行为。自由贸易港需要所在国建立一套以开放和自由为特征的、独特而完备的法律法规体系，为执行特殊的政策体系创造必要的法律条件，最大限度地避免同区外的法律冲突。

2. "境内关外"

与自由区相似，自由贸易港具有"境内关外"的开放条件，实施特殊的海关监管，即自由贸易港位于一国领土境内，但免于海关常规监管。在制度设计上可以总结为"一线放开、二线管住、区内自由"。

3. 自由化

自由贸易港内部具有高度开放的特征，将在货物、投资、资金、人员流动等方面实施高度自由化的政策安排，开放程度远高于常规的自由区。首先，货物流动高度自由，海关对区内货物免于实施常规监管，实行免税，可自由储存、展览、组装、制造、流动和买卖。其次，投资准入高度自由。在区内，外商投资负面清单得到最大限度的缩减。再次，资金流动高度自由。区内采取宽松自由的金融政策，逐步开放资本项目，打造贸易投资跨境资金流动自由便利环境。最后，人员流动高度自由，采取宽松、便利的入境政策，实施和完善临时居留证、临时或永久通行证、落地签证、入境免签制度等。此外，海南自由贸易港还将实施高度自由、便利、开放的运输政策，以及促进数据要素安全有序流动。

4. 便利化

自由贸易港内部具备高效完备的配套体系，各种程序最大程度地简化，为各市场主体创造了透明和可预见的贸易投资环境。由于海南自由贸易港的区域更大，内涵更丰富，因此其便利化涵盖领域将不仅仅局限于自由区的报关和通关便利化等，还包括投资便利化和人员进出便利化等。

2.2 我国设立对外开放特殊区域的发展历程

2.2.1 探索对外开放阶段（1978~1991年）

1978年党的十一届三中全会作出对内改革、对外开放的重大决策后，1979年我国即批准广东、福建两省实施特殊政策和灵活措施，试办出口特区，并启了我国设立对外开放特殊区域的发展历程。1980年，我国正式设立了深圳、珠海、汕头、厦门四个经济特区（将之前的出口特区更名为内涵更为丰富的经济特区），这些特区成为我国吸引外资、引进先进技术和管理经验的前沿阵地。1984~1985年，我国开放了上海、天津、大连、青岛、广州等14个沿海港口城市，设立了长江三角洲、珠江三角洲、闽南三角地区作为沿海经济开放区。1988年设立了海南经济特区，1990年作出了浦东开发开放决策。

这一阶段我国设立的对外开放特殊区域主要借鉴了国际上自由贸易港区的部分做法，区内适用特殊的经济管理体制，实行减免关税等优惠措施，以吸引外商投资。此时的对外开放区域主要以"点"状分布在沿海地区。

2.2.2 扩大对外开放阶段（1992~2001年）

1992年，我国提出建立社会主义市场经济体制；1997年，党中央和国务院提出进一步扩大对外开放、提高利用外资水平。在扩大对外开放阶段，我国设立的对外开放特殊区域主要为保税区、边境经济合作区和出口加工区，布局上以"边"的形式覆盖更多边境地区，同时对海关特殊监管区域的功能定位进行了明确和规范。

1990年6月国务院批准设立了上海外高桥保税区，这是我国第一个保税区，也是第一个严格意义上的海关特殊监管区，之后又陆续批准在天津、深圳、广州、厦门、青岛等沿海开放城市设立了14个保税区。保税区也称保税仓库区，是我国继经济特区、经济技术开发区、国家高新技术产业开发区之后，设立的由海关监管的特殊封闭区域。保税区的功能定位包括转口贸易、保税加工、保税仓储等。大多数保税区地处临港地区，保税区内的企业享有自由从事国际贸易的权利，货物进出保税区免征进出口关税，并实施简便的海关管理手续。

1992年我国实施了沿边开放战略，建立了珲春、黑河、绥芬河、东兴等沿边城市及丹东国家级边境经济合作区，我国的对外开放开始向边境地区延伸，形成了覆盖经济特区、沿海、沿江、沿边的开放格局。自1992年以来，经国务院批准的边境经济合作区共计17个，对发展我国与周边国家（地区）的经济贸易和睦邻友好关系、繁荣民族地区经济发挥了积极作用。

2000年4月，国务院在江苏、辽宁、天津、上海、浙江、北京、山东、广东等省（市）批准设立了首批15个出口加工区，按照优化存量、控制增量、规范管理、提高水平的方针，逐步实现对加工贸易企业集中规范管理。出口加工区指一国或地区在港口、机场等交通便利的地方划出的一定区域。出口加工区以优惠政策吸引外国投资，增加出口加工工业竞争能力，利用外资引进技术和增加就业。出口加工区的主要功能有保税加工、保税物流、研发、检测和维修等，区内企业享受保税、免税、出口退税等优惠政策。

2.2.3 全方位对外开放阶段（2002~2012年）

2001年我国成功加入世界贸易组织（WTO），大大加快了我国的改革开放进程，相关改革开放举措不再局限于特定区域或领域，而是以"面"的形式向着全方位、多层次、宽领域的制度型开放迈进。这一阶段我国在充分吸取前期保税区和出口加工区建设经验的基础上，设置了保税物流园区、跨境工业园区和保税港区这三类新型海关特殊监管区域。

保税物流园区是指在保税区或毗邻保税区的特定港区内设立的、专门发展现代国际物流业的海关特殊监管区域。为充分发挥保税区政策优势和港口区位优势，促进现代国际物流业的发展，我国自2003年开始设立保税物流园区。上海外高桥保税物流园区于2003年12月经国务院批准设立，是我国第一家保税物流园区。保税物流园区以仓储货物为主要功能，对所存货物开展国际转口贸易，国际采购、分销和配送，国际中转，检测、维修，商品展示等业务，不得开展商业零售、加工制造、翻新、拆解及其他与园区无关的业务。保税物流园区主要税收政策与出口加工区基本相同。

截至2025年6月，我国设立的跨境工业区只有珠澳跨境工业区珠海园区。该区2003年由国务院批准设立，同样属于海关特殊监管区域。珠澳跨境工业区以发展工业为主，兼顾物流、中转贸易、产品展销等功能。珠海园区作为珠海保税区的延伸区，实行"保税区+出口加工区出口退税政策+24小时通关专用口岸"管理模式。珠澳跨境工业区珠海园区的税收政策与出口加工区相同。

保税港区是指经国务院批准，设立在国家对外开放的口岸港区和与之相连的特定区域内，具有口岸、物流、加工等功能的海关特殊监管区域。2005年6月，上海洋山保税港区经国务院批准正式设立，成为中国第一个保税港区，2006~2010年，我国又陆续设立了共14个保税港区。除了港口的功能外，保税港区还整合了原来保税区、保税物流园区、出口加工区的功能，具体包括仓储物流，对外贸易，国际采购，分销和配送，国际中转，检测和售后服务，商品展示，研发、加工、制造，港口作业9项功能。保税港区享受保税区、出口加工区相关的税收政策。

2.2.4　高水平对外开放阶段（2013年以来）

党的十八大召开后，中国对外开放站在了新的历史起点。我国整体开放水平实现大幅度提升，我国开始逐步对标更多高标准国际经贸规则。与上一阶段我国被动适应WTO规则有所不同，新一阶段我国展现出较强的主动开放特征。对外，我国提出了"一带一路"倡议，为国际合作和共同发展提供了中国方案；与多国签订双边自由贸易协定，加入了以区域全面经济伙伴关系协定（RCEP）为代表的高标准区域自由贸易协定，构建面向全球的高标准自由贸易区网络。对内，我国一方面推动各类型海关特殊监管区域向综合保税区转型升级，另一方面相继设立了22个自由贸易试验区和1个自由贸易港，以更加主动的姿态进一步扩大对外开放。

综合保税区是设立在内陆地区的具有保税港区功能的海关特殊监管区域，和保税港区一样，是我国开放层次最高、优惠政策最多、功能最齐全、手续最简化的海关特殊监管区域。综合保税区内可发展保税加工、保税物流、保税服务等业务。综合保税区的功能和税收政策与保税港区相同，但不受"保税港区必须毗邻港区"的限制。根据2019年发布的《国务院办公厅关于印发加快海关特殊监管区域整合优化方案的通知》，不同类型的海关特殊监管区域将整合优化为综合保税区，未来新设立的海关特殊监管区域统一命名为综合保税区。2019年《国务院关于促进综合保税区高水平开放高质量发展的若干意见》进一步明确，加快综合保税区创新升级，推动综合保税区发展成为具有全球影响力和竞争力的加工制造中心、研发设计中心、物流分拨中心、检测维修中心、销售服务中心。截至2024年12月底，我国共有综合保税区167个，占全部海关特殊监管区域数量的96%。[①]

自由贸易试验区是我国在对外开放方面为展开制度创新试验和经验复制推广而专门设立的特殊区域。自由贸易试验区本身并非海关特殊监管区域，但其内部一般包含综合保税区等海关特殊监管区域。例如，中国（上海）自由贸易试验区作为2013年我国设立的第一个自由贸易试验区，涵盖了上海市外高桥保税区、外高桥保税物流园区、洋山保税港区和上海浦东机场综合保税区4个海关特殊监管区域。从自由贸易试验区和其内部海关特殊监管区域的关系可以看出，自由贸易试验区涉及的制度创新内涵更为丰富，涉及贸易监管、投资管理、金融服务、离岸功能、政府管理等多个方面。在中国（上海）自由贸易试验区展开初步探索的基础上，我国分批次设立了22个自由贸易试验区，将自由贸易试验区战略布局从沿海到中部再到西部地区全面推开，通过自由贸易试验区先行先试将更多高标准国际经贸规则逐步推广至全国更大范围。基于自由贸易试验区建设取得的阶段性成果，我国进一步提出了在海南探索建设具有中国特色的自由贸易港的战略构想，旨在将海南自由贸易港建设成为我国未来对外开放的新高地，引领更高水平的开放型经济发展。

综上，这一阶段我国对外开放呈现出以"点"带"面"的发展特征，以自由贸易试验区和自由贸易港为代表的对外开放特殊区域开始承担起新的历史使命，助力我国更深层次地融入全球经济体系，构建全方位对外开放新格局。

---

① 截至2024年12月底全国海关特殊监管区域情况［EB/OL］．中华人民共和国海关总署自贸区和特殊区域发展司，http：//zms.customs.gov.cn/zms/hgtsjgqy0/hgtsjgqyndqk/6312614/index.html．

2.3 中国特色自由贸易港的内涵特征、目标定位与建设意义

海南自由贸易港的设立旨在通过一系列制度创新和优惠政策，打造一个开放层次更高、营商环境更优、辐射功能更强的对外开放新高地。我国的自由贸易港将充分体现中国特色，其内涵和功能定位与世界其他自由贸易港有所不同。未来，它将成为我国深化改革开放、实现高质量发展的重要窗口，对内引领经济转型升级，对外展示我国开放合作的姿态，发挥重要的时代引领意义。

2.3.1 中国特色自由贸易港的内涵特征

根据我国对自由贸易港的明确定义，我国自由贸易港仍属于自由贸易园区范畴，并且与自由港的概念最为接近。该定义还表明，我国的自由贸易港建设对标的是全球开放最高水平，自由贸易港将在现阶段乃至未来很长一段时间内承担引领我国改革开放的作用。

海南自由贸易港的重要特征在于其鲜明的中国特色，这使其与香港、新加坡、迪拜等国际典型自由贸易港既存在诸多相似之处，也有显著不同。在制度创新的大方向上，国际典型自由贸易港为海南提供了国际标杆，其成功经验具有重要的参考价值。然而，在具体实施过程中，每个国家或地区都有其独特的制度背景和现实条件。海南虽需借鉴国际成功经验，但不能简单照搬，必须充分体现中国特色并契合海南自身的定位。因此，海南自由贸易港的中国特色不仅体现在制度创新上，更体现在建设自由贸易港更深层次的核心优势上。

海南自由贸易港的建设是在党的集中统一领导之下进行的，并且坚持中国特色社会主义道路，以人民为中心，践行社会主义核心价值观。这将充分发挥我国社会主义制度集中力量办大事的优势，在党中央、国务院及相关部委和海南地方政府的共同努力下，加快建设进程。

海南自由贸易港将基于我国开放包容的理念进行。在海南打造我国对外

开放的重要窗口，使其成为连接中国经济和世界经济的桥梁，并借助这一窗口让世界共享中国发展的红利，构建更加开放、包容、普惠、平衡、共赢的世界经济体系。

2.3.2 中国特色自由贸易港的目标定位

海南自由贸易港与国际典型自由贸易港在目标定位方面也存在一些差别，具体表现在总体功能定位、产业发展重点和基础条件依托这三大方面。

从总体功能定位来看，海南自由贸易港与香港、新加坡有明显不同。香港和新加坡不存在相对自身而言更为宏观层面的统筹需求，海南则不同。海南自由贸易港代表了我国改革开放的最新重大举措，将海南自由贸易港打造成为我国对外开放新高地，绝不是为了片面追求与世界经济联系得更紧密而割裂海南与内地的经济联系。海南自由贸易港既是我国向世界开放的重要窗口，也是海南与内地之间的重要桥梁。

从产业发展重点来看，海南自由贸易港明确不以加工和转口贸易为重点，这与传统自由贸易港的发展模式存在显著差异。传统自由贸易港通常从加工和转口贸易起步，逐步拓展自由贸易港的其他功能，最终发展为综合型自由贸易港。但是，海南的现实经济条件并不利于发展加工和转口贸易。一方面，海南并不在国际主航道上，区位优势不足；另一方面，海南的经济发展水平相对较低，缺乏足够的基础设施配套保障。这些因素共同决定了海南难以复制传统自由贸易港的发展路径。除了海南自身发展基础的局限性外，海南自由贸易港作为我国新时期推动改革开放的重大举措，其产业发展不应局限于加工和转口贸易。单纯依赖加工和转口贸易的发展模式技术含量较低，难以推动海南成为我国改革开放的新高地。更何况，在当今的全球经济格局下，依靠发展加工和转口贸易起家的时代已经过去了，发展现代化工业和服务业才符合世界经济发展的主要趋势。因此，海南自由贸易港提出"以旅游业、现代服务业和高新技术产业为主导"的发展重点，不仅顺应了全球经济发展的大趋势，也契合我国产业升级和经济高质量发展的内在需求。

从基础条件依托来看，海南与国际典型自由贸易港相比也有其独特之处，这既带来了优势，也带来了挑战。第一，海南自由贸易港的建设范围覆盖整个海南岛，其面积远大于香港、新加坡、迪拜等国际上现有的自由贸易港。

这一广阔的建设区域为海南在产业发展和布局上提供了更多选择和空间，但同时也增加了核心业务运营监管、统筹港城融合发展和城乡协调发展等方面的复杂性和难度。第二，海南与内地之间紧密的经济联系，既赋予了海南充分获得内地支持的优势，也需要考虑在自由贸易港封关运作后如何继续保持与内地经济联系的紧密性。第三，海南自身经济基础较为薄弱，这一方面意味着海南在发展高端产业时可以直接走跨越式发展道路，避免已有产业转型中的"积重难返"问题；另一方面，也意味着海南在发展初期面临着资金、人才、营商环境等各方面的积累或基础不足。

2.3.3 建设中国特色自由贸易港的重要意义

建设中国特色自由贸易港是我国以高水平对外开放推动经济高质量发展的重大举措。改革开放以来，我国经济在贸易、投资、金融、服务等领域的开放力度不断加大，促进了我国经济的高速增长。如今我国经济已由高速增长阶段转向高质量发展阶段，经济体制改革进入攻坚期和深水区，新时期建设自由贸易港是以更高水平开放促进更深层次改革、建设更高水平开放型经济新体制、推动我国经济高质量发展的重大举措。一方面，建设自由贸易港是深化体制机制改革的有力举措。新时期我国经济的高质量发展要求转变发展方式、优化经济结构和转换增长动力，其中涉及深化体制改革的诸多层面，要冲破这些体制性障碍需要"大手笔"，而建设海南自由贸易港正是这样一个"大手笔"。海南作为我国第二大岛屿，是我国最大的经济特区和重要的试验田，拥有探索体制新路径、贯彻发展新理念的有利条件。另一方面，建设自由贸易港是推动更高水平开放的重要平台。从保税区等海关特殊监管区域到自由贸易试验区，我国的对外开放举措不断升级，平台功能逐渐丰富，开发布局更加完善，改革开放不断深化，我国自由贸易试验区已经取得了诸多制度创新成果，为建设中国特色自由贸易港创造了坚实的基础。建设海南自由贸易港，突破了自由贸易试验区作为制度创新试验田的功能定位，是在学习借鉴国际知名自由贸易港先进经验、对接国际高标准经贸规则的基础上，探索建设具有国际竞争力的开放制度体系的重要平台。

建设中国特色自由贸易港是我国坚决反对贸易保护主义和积极引领经济全球化的实际行动。2008年全球经济危机后，各国经济长期处于缓慢复苏的过程中，在这样的大环境下，各种各样的贸易保护主义和投资保护主义现象不断出现，给经济全球化的发展造成了严重阻碍，也给全球经济的复苏带来更大的不确定性。此外，以美国为首的部分国家对我国采取的各种针对性措施也增加了我国国际经济环境的不利因素。海南建设自由贸易港，是我国积极应对国际经济环境变化和更加主动参与国际竞争合作的重要举措，也是我国拓展国际竞争合作空间和对标高水平国际经贸规则的重要平台。

第3章　国际典型自由贸易港建设的成功经验及启示

海南要建成具有较强国际影响力的高水平自由贸易港，仅依靠自由贸易试验区的成功经验是远远不够的，还需要全面深入学习借鉴国际先进经验。《总体方案》在基本原则中的第一条就强调了这一点，指出要借鉴国际经验，充分学习借鉴国际自由贸易港的先进经营方式、管理方法和制度安排，形成具有国际竞争力的开放政策和制度。我国香港、新加坡和迪拜作为国际典型自由贸易港，[1] 积累了丰富的制度创新经验并构建了全球领先的开放型经济体制，在贸易自由便利、投资自由便利、跨境资金流动自由便利、人员进出自由便利、法治环境建设、税收优惠制度和运营管理体制等方面形成了诸多成熟做法，值得海南深入学习，尤其全域型自由贸易港香港和新加坡，[2] 更是海南岛在全岛范围建立自由贸易港的重要参考。一方面，贸易自由便利、投资自由便利、跨境资金流动自由便利和人员进出自由便利共同构成了自由贸易港"四自由"的基本要素，确保了自由贸易港生产要素跨境自由便利流动，在这四个方面国际典型自由贸易港的做法具有较多共性。另一方面，成熟的国际典型自由贸易港往往拥有高级别的专门性立法、特殊的税收优惠制度和高效的自由贸易港管理体制，为自由贸易港实行自由化提供了坚实的制度保障。国际典型自由贸易港的制度建设经验为海南提供了各具特色的路径参考，海南要在《总体方案》设计的制度框架下，基于自身目标定位和发展现实，借鉴国际先进经验，打造具有中国特色的高水平自由贸易港。

---

[1] 国际上对自由贸易港并无完全统一的概念界定，各国根据自身情况建立了自由贸易园区、自由贸易港区或自由港等特殊经济功能区，其中开放度最高的特殊经济功能区当属自由贸易港。我国香港自由港、新加坡自由港和迪拜自由区（主要以杰贝阿里自由区和迪拜国际金融中心为例）符合自由贸易港特征，因此本书选取这三个地区作为海南建设自由贸易港的国际对标。

[2] 新加坡共设有8个自由贸易区，为自由贸易区划定了专门区域，但新加坡境内高度开放的制度环境使整个新加坡近似于一个全域型的自由贸易港。

3.1 贸易自由便利

贸易自由便利是自由贸易港甚至自贸园区的最本质特征，国际典型自由贸易港大多以发展转口贸易起步，由此建立起了"一线放开、二线管住、区内自由"的贸易制度，在区内具有"境内关外"的特殊属性。

1. 国际典型自由贸易港的成功经验

第一，香港、新加坡和迪拜均实现了高水平的"一线"放开和"区内自由"，在货物进口贸易和转口贸易方面基本没有关税和其他税负，无配额限制且实施非常少的管制措施。海关仅针对酒类、烟草、石油产品等极少数货物征收关税，严格管制法律、法规、国际公约禁止入境的特殊货物，危险品、药品或鲜活产品等少数货物进出口须申请许可证。除以上少数货物类型外，一般货物均可自由进出自由贸易港，货物的进口、再出口和转口等均可享受免除关税和其他海关费用，并简化海关手续。自由贸易港内货物可自由中转、存放、加工、交易，不再征收关税及其他税收。

第二，香港、新加坡和迪拜均设立了严格的"二线"。香港作为我国特别行政区，享有单独关税区地位和自主性经贸政策，货物在香港与我国内地之间流通须按规定办理进出口申报手续。新加坡整体开放度较高，在全域范围适用高度开放的贸易、投资、金融和人员流动自由政策。其设立自贸区的目的主要是转口贸易的发展，即货物流转主要通过 8 个自贸区进行，自贸区与其他区域之间以物理围网进行隔离。迪拜共设有 24 个自贸区，均采用物理围网进行隔离。自贸区内外政策环境差异极大，如杰贝阿里等自贸区主要负责转口贸易，货物流转和简单加工须在区内进行。

第三，香港、新加坡和迪拜在自贸区内极大地简化了海关手续，达到了全球领先的贸易便利化水平。一方面，通过建立高水平的国际贸易"单一窗口"、实施"经认证经营者制度"（AEO 制度）以及其他促进便捷通关的具体措施（如香港"海易通计划"），帮助企业实现快速通关。另一方面，充分利用电子化和信息化手段，建立高效的电子政务平台。平台连接政府各个部门，实现进出口审批、检验检疫、通关查验等环节的无纸化快速办理。

香港、新加坡、迪拜的贸易自由便利政策详见表3-1。

表3-1　　　　香港、新加坡、迪拜的贸易自由便利政策

政策	香港	新加坡	迪拜
零关税政策	（1）对除酒类、烟草、碳氢油类及甲醇4类商品外的其他货物进口免征关税 （2）不征收流转税（增值税、营业税、消费税） （3）转口贸易免除关税	（1）对除酒类、烟草、石油产品及车辆4类商品外的其他货物进口免征关税 （2）征收7%的货物和服务税，出口货物和服务可免征该税 （3）自贸区内转口贸易免除关税	（1）进入杰贝阿里等自贸区内进口货物完全免除关税和商业税 （进入迪拜境内进口货物须缴纳关税：一般商品5%；酒类50%；烟草100%） （2）转口贸易免除关税
货物配额及管制措施	（1）无主动配额限制，仅对活鸡进口实行总量控制 （2）对军需物资等战略物品实行严格进出口管制，对4类非零关税商品实行进出口证管理 （3）对鲜活产品、供港蔬菜等食品类安全方面管制较多	（1）无配额限制 （2）对危险品、武器、药品和化妆品等特殊货物和针对特定地区的进出口需要申请许可证 （3）进口食品、药品和动植物需要提前向检验检疫部门申请许可证	（1）无配额限制 （2）根据海合会国家共同海关法，以及其他阿联酋国家、联邦法律，其他相关国际协议等，对禁止及限制进出口货物进行管制，特殊货物须在电子申报时提供由相关部门出具的许可证
货物通关和检验检疫便利化	（1）实施"海易通计划"和"香港认可经济营运商计划"（AEO制度）促进便捷通关 （2）除豁免报关的商品外，承运人只需于货物输入或输出后14天内向海关呈报进口或出口商品的运输资料和进（出）口报关单，海关对进出口货物以抽选方式进行检查或检验，采用风险管理措施，查验率非常低，在检验检疫方面主要发挥市场机制作用	（1）拥有全球最高效的电子政务平台：连接35个政府部门的"一站式"贸易网络（Trade Net）、港口线上申报网络（Port Net）、海事网（Mari Net）和空运社群网（Cargo Community Network）等 （2）电子政务平台提供全天候服务，10秒钟即可完成与进出口（包括转口）贸易有关的全部申报手续，10分钟可获得审批结果	（1）通过"迪拜贸易"（Dubai Trade）平台注册获得许可和证书后，即可在线递交电子申报信息 （2）阿联酋实施"经认证经营者"制度（AEO制度），对符合要求的企业给予通关便利 （3）通过国际贸易"单一窗口"，企业可在7小时内完成货物通关

资料来源：根据香港海关（www.customs.gov.hk）、新加坡海关（www.customs.gov.sg）、迪拜海关（www.dubaicustoms.gov.ae）、迪拜杰贝阿里自由区（www.jafza.ae）网站资料整理。

2. 对海南自由贸易港建设的启示

首先，高水平的贸易自由化和便利化是海南建设自由贸易港的应有方向。自由贸易港只有实现了高水平贸易自由化才能名副其实，同时贸易自由化带

来的贸易流量能够进一步带动投资、金融、人员等其他流量的提升，从而实现良好的可持续经济循环。

其次，由于功能定位和发展水平等方面的差异，香港、新加坡和迪拜的经验可供海南参考，但不能盲目照搬。香港实行的是"一国两制"下的特殊经济体制，新加坡是接近于全域型自由贸易港的小国经济，迪拜自由贸易港具有区内区外政策制度差异极大的"飞地"性质。海南与内地之间的经济联系紧密程度较高，海南全岛的陆地面积也远超过香港、新加坡和迪拜自由贸易港，基于如此紧密的"二线"联系，结合海南自由贸易港将在未来实行与内地差异较大的税收制度，海南在部分贸易管制措施的制定上必然会比香港、新加坡和迪拜更为谨慎。在封关运作之前通过制定好、用好负面清单和正面清单，充分积累风险防控经验，合理设置封关运作后所必需的配套措施，同时尽可能释放更多早期政策红利；在封关运作之后，尽可能减少管制措施，实行符合海南自身需要的高水平开放制度。

最后，贸易便利化水平的稳步提升应是海南自由贸易港建设在短期内能够实现的重要目标。香港、新加坡和迪拜在贸易便利化方面拥有全球领先的电子政务平台系统，能够为货物报关、通关、检验检疫等环节提供高效便捷的服务，这些经验值得海南充分学习和借鉴。近年来，海南在贸易便利化改革方面取得了显著进展，尤其是在自由贸易试验区成立后，海南在打造国际贸易"单一窗口"、建设电子政务平台、压缩口岸通关时间等方面成效突出。然而，与国际高水平自由贸易港相比，海南在贸易便利化方面仍有较大的提升空间。由于贸易便利化改革通常不涉及中央事权问题，因此在改革推进难度上相对较小。此外需要注意的是，尽管封关运作后海南自由贸易港面临诸多风险管控需求，但相应的管控措施不应以牺牲贸易便利化为代价，要确保在封关运作后贸易便利化水平不出现倒退现象。

3.2 投资自由便利

香港、新加坡和迪拜拥有开放的投资制度，实行高度自由化和便利化的投资政策，设置宽松的行业进入条件和业务经营范围，对外商投资限制很少，具有全球领先的营商环境。

1. 国际典型自由贸易港的成功经验

第一，香港、新加坡和迪拜在市场准入上具有较高的开放度，外资在新加坡享受准入前国民待遇，在香港和迪拜自贸区内甚至享受国民待遇。其中，香港对市场准入的管控仅限于个别行业，只针对博彩业进行严格管控，对电讯和广播等少数行业实行有条件进入，无针对资金来源的歧视措施，对港内或港外投资者一视同仁，对外资无股权比例限制。新加坡基本没有行业准入限制，仅对本地银行中的外资占比以及新闻广播行业的外资占比有明确的比例限制。迪拜则是除矿产、金融零售等少数行业外，其余行业投资准入均已放开，自贸区内对外资无股权比例要求，不受阿联酋的《商业公司法》限制。[①]

第二，香港、新加坡和迪拜的投资便利化水平位居全球前列，企业注册手续简单，投资审批流程高效。在香港、新加坡和迪拜注册企业分别在1小时内、3个工作日内和24小时内即可完成，香港企业注册手续可全部在线上进行办理，新加坡和迪拜自贸区的企业注册全部手续只需跑一次。此外，三个国际典型自由贸易港对企业注册资本要求都较为宽松，其中香港对企业注册资本金完全没有限制。

第三，香港、新加坡和迪拜还拥有全球最高水平的营商环境。香港、新加坡和迪拜自贸区内政府对企业干预极少，不进行常规行政管理，得益于三个地区成熟的法治化营商环境，执法机构仅对企业进行必要的执法监督。根据世界银行最新发布的《全球营商环境报告2020》，香港、新加坡和阿联酋三个经济体的排名分别为第3位、第2位和第16位，其中迪拜自贸区内部的营商环境其实远超过阿联酋的境内平均水平。在区内优惠政策方面，香港对各类企业无任何歧视性措施，新加坡对符合条件的特定企业给予一定的优惠政策，迪拜则是在不同功能的自贸区内部对其主要产业实行不同的优惠政策。在第三方监管机制方面，香港的各类工商团体发挥了重要的行业自律作用，新加坡则充分利用私人评级机构对企业进行信用评估。

香港、新加坡、迪拜的投资自由便利政策见表3-2。

---

① 阿联酋《商业公司法》规定境内注册公司必须遵循"本地担保人"制度，即境内注册公司资本必须保证本土合作伙伴（持阿联酋国籍）持有51%以上。

表 3-2　　　　香港、新加坡、迪拜的投资自由便利政策

政策	香港	新加坡	迪拜
市场准入	(1) 投资基本不受限制，对港内或港外投资者一视同仁，对外资实行"国民待遇" (2) 只有赌博业受政府严格管制，电讯和广播等少数行业有条件进入；电讯、广播、交通、能源、酒制品销售、餐厅、医药和金融等行业需商业登记并向有关部门申请行业牌照 (3) 港内或港外投资者均可100%控股	(1) 实行投资自由化政策，对外资实行准入前国民待遇 (2) 外资进入没有行业限制，只有国防相关行业和金融、保险、证券等特殊领域需向主管部门审核备案 (3) 对外资基本无股权比例限制，只对外资银行对本地银行持股比例和外资在新闻业、广播业的出资比例有限制	(1) 迪拜自贸区内外商投资享受国民待遇 (2) 除矿产、金融零售等少数行业外，其余产业投资准入均已放开 (3) 自贸区内外资可100%独资，不限制企业雇用外国劳动力
投资便利	(1) 企业注册只需3个步骤：查看名称是否可用；提交有关文件及所需费用；核准后获发《公司注册证书》和《商业登记证》。一般1小时内（网上提交）或4个工作日（书面提交）即可获发证书 (2) 根据香港《公司条例》，公司在申请成立或开始营业时，对公司实缴股本没有最低金额限制	(1) 企业注册手续简单，只需提供新加坡注册地址，委任一名新加坡董事、一名当地秘书，并提供4份相关文件，即可在3个工作日内完成公司注册工作 (2) 公司最低注册资本为10万新元，实行认缴制，股东可随时决定提高注册资本和缴足资本	(1) 自贸区注册企业，通过官方应用程序，填写EHS（环境，健康和安全）承诺表格、企业名称、许可证类型等，程序会自动生成个性化注册流程，注册企业只需跑一次。除涉及石油开采、国家安全、环保等个别行业外的企业注册均可在24小时内完成，投资审批手续可在7天内完成 (2) 以杰贝阿里自贸区为例，独资公司最低注册资金为100万迪拉姆，合资公司最低注册资金为50万迪拉姆
营商环境	(1) 除部分与民生、公共设施等相关行业外，政府基本不干预企业经营 (2) 没有任何歧视措施，无补贴政策 (3) 营商法治环境高度成熟 (4) 各种工商团体制定了极为严密的行业行为准则，保护市场经济秩序	(1) 政府不对企业进行常规行政管理，通过年报制度了解企业经营情况 (2) 对符合条件的外贸企业提供公司所得税优惠政策。为鼓励投资、研发和物流等活动提供若干税收减免优惠政策 (3) 经济法规体系完整，由执法机构对企业进行执法监督	(1) 自贸区内由企业化运营的"政府机构"进行管理 (2) 自贸区内无个人所得税，免征公司所得税（50年+15年），生产要素自由流动 (3) 法律体系完善，自贸区内企业受到所在自贸区的法律和法规制约

资料来源：根据香港特别行政区政府公司注册处（网址：www.cr.gov.hk）、新加坡会计与企业管制局（网址：www.acra.gov.sg）、迪拜杰贝阿里自由区（网址：www.jafza.ae）等资料整理。另参见：张善杰，陆亦恺，石亮. 迪拜自贸区发展现状和成功经验及启示 [J]. 港口经济，2014（1）：47-49. 任春杨. 中国自由贸易区投资制度优化研究 [D]. 吉林大学，2017：127.

2. 对海南自由贸易港建设的启示

第一，国际典型自由贸易港的成功离不开较高的市场准入开放程度。海南《总体方案》提出"对外商投资实施准入前国民待遇加负面清单管理制度"，而未来海南自由贸易港市场准入开放水平取决于这一负面清单的长度。海南自由贸易港的市场准入负面清单应在自由贸易试验区负面清单的基础上进行大幅度缩短，才能实现"大幅放宽海南自由贸易港市场准入"的目标。现阶段自由贸易试验区负面清单与全国版负面清单差距太小，不足以实现高水平投资开放，尤其对服务业而言，现阶段自由贸易试验区并没有实现服务业开放的压力测试功能。现代服务业是海南自由贸易港的三大产业支柱之一，海南要大力发展现代服务业，离不开高开放水平的外资服务业市场准入，需要实施更短的市场准入负面清单制度和跨境服务贸易负面清单制度。

第二，海南自由贸易港应打造以投资便利化为基础的良好营商环境。在投资便利化方面，香港、新加坡和迪拜的相关做法值得海南学习借鉴。海南正全面推行审批"一次都不跑"或"最多跑一次"的服务，对海南全省85%的政务服务事项实行"不见面审批"，商事登记"全省通办"，已逐步实施《总体方案》要求的市场准入承诺即入制，并建立健全备案制度。投资便利化相关改革事项一般也不涉及中央或部委事权，改革推进面临的体制机制阻碍较小，因此海南有望在投资便利化方面率先达到全球领先水平。

3.3　跨境资金流动自由便利

在跨境资金流动自由便利方面，香港、新加坡和迪拜不仅实现了资金进出的高度自由，还在资本和金融账户开放上达到了极高水平。这表明，这些地区的金融开放程度已经超出了自由贸易港所必需的资金流动自由的基本要求。

1. 国际典型自由贸易港的成功经验

第一,香港、新加坡和迪拜自贸区[1]在金融方面高度开放,在资金进出、货币兑换、贸易结算等方面高度自由,拥有国际化的法律制度和完善的监管体系,其中香港和迪拜国际金融中心甚至实现了资本项目完全开放。香港、新加坡和迪拜恰好既是国际典型自由贸易港又是国际金融中心:香港和新加坡均为全球顶尖的国际金融中心,迪拜是中东地区的重要金融市场。

因此,这三个地区的金融高度自由化与金融业均与当地支柱产业密切相关。根据统计数据,[2] 2018年香港、新加坡和迪拜的金融与保险业占当地GDP的比重分别为19.8%、12.3%和11%,金融业在这三个地区经济中的占比较高,在各行业中的排名也比较靠前。其中,香港是典型的现代服务业主导型经济,2018年服务业占GDP的比重高达93.1%,金融与保险业的GDP占比排名第二,仅略低于第一位的进出口贸易、批发与零售业(21.3%);新加坡是制造业与服务业"双引擎"发展,金融与保险业的GDP占比排名第四,前三位分别是制造业(20.8%)、批发与零售业(16.6%)和商业服务业(14.1%);迪拜经过多样化的经济转型,形成了以服务业和新兴产业为主的经济结构,金融与保险业的GDP占比排名第三,低于批发、零售与车辆维修业(25.2%)和运输与仓储业(11.6%)。

第二,法律环境是香港、新加坡和迪拜成为国际金融中心的重要支撑,英美的普通法系从监管模式等方面被众多学者认为更适合金融创新的发展(莫易娴,2012)。香港和新加坡由于历史原因继承了相对完整的英国法律体系,并在此基础上形成本地完备的经济法规体系。迪拜为了促进金融发展,主动在迪拜国际金融中心内构建了以普通法原则为基础的一整套独立司法体系,形成了一个特殊的司法区域(张明生,2015)。

香港、新加坡、迪拜的跨境资金流动自由便利政策见表3-3。

---

[1] 在迪拜各自贸区中,迪拜国际金融中心的金融开放水平最高,其他主要自贸区(如杰贝阿里自由区等)也实现了资金进出、货币兑换、贸易结算的高度自由。
[2] 资料来源:香港特别行政区政府统计处网站(www.censtatd.gov.hk)、新加坡统计年鉴2019(Yearbook of Statistics Singapore, 2019)以及迪拜统计中心官方网站(www.dsc.gov.ae)。

表 3-3　　香港、新加坡、迪拜的跨境资金流动自由便利政策

政策	香港	新加坡	迪拜
资金进出自由	无外汇管制，资金可自由进出、自由流动，对外来投资者将股息或资金调回本国都无限制	无外汇管制，资金可自由进出、自由流动，汇出收入、利息、利润、分红以及投资所得没有限制	杰贝阿里等自贸区无外汇管制，对区内企业或个人的红利、利息、工资收入、营业利润等汇出境外不加限制，但外国银行将其利润汇出境外必须事先获得央行同意
货币汇兑自由	资本项目完全开放，货币可自由兑换，实行固定联系汇率制，没有汇兑管制措施	可自由兑换外汇，实行有管理的浮动汇率制度	(1) 杰贝阿里等自贸区内货币可自由兑换，不受限制 (2) 迪拜国际金融中心（DIFC）区内还取消了一切汇率管制政策，实现了资本项目的完全自由兑换
贸易结算自由	可使用任何货币进行贸易结算，结算方式多样，结算途径自由；没有国际收支限制，购汇收汇政策宽松便利	外资企业可在新加坡自由开立新元、美元、港币、欧元、澳元等银行账户，可自由决定结算货币种类	杰贝阿里等自贸区内无货币限制，可自由选择货币交易
资本市场开放	(1) 对外资公司参与当地证券交易无限制，拥有全球最开放的债券市场 (2) 对外融资自由，融资渠道丰富，商业和贸易融资服务发达	(1) 各国企业只要符合一定条件即可在新加坡交易所发行股票或债券 (2) 外资企业可以向新加坡本地银行、外资银行或者其他金融机构申请融资业务	DIFC区内交易货币是以美元为主的可兑换货币，区内金融机构只能开展离岸业务，不能开展本币迪拉姆业务
金融监管制度	有完善的法律制度和监管机构，沿用符合国际标准的会计准则，监管自由度较高，金融监管制度基于国际监管标准，以事前风险防范作为银行监管的核心，行业协会作用突出	具有新加坡特色的货币局与央行混合体制，由新加坡货币委员会、新加坡金融管理局和新加坡投资公司等金融管理机构共同履行央行金融调控与金融监管职能	DIFC以普通法原则为基础，效仿世界范围内认可程度较高的英格兰与威尔士法律模式构建了一整套独立司法系统，并沿用欧洲的金融监管体系，根据国际公认标准制定了一整套适合该中心的监管制度

资料来源：根据以下网站和文献资料整理。①香港金融管理局，网址：www.hkma.gov.hk；②新加坡金融管理局，网址：www.mas.gov.sg；③迪拜杰贝阿里自由区，网址：www.jafza.ae；④迪拜国际金融中心，网址：www.difc.ae；⑤张明生. 迪拜多样化经济发展研究［D］. 北京外国语大学，2015：46.

2. 对海南自由贸易港建设的启示

第一，海南自由贸易港在金融开放创新方面应积极借鉴国际典型自由贸易港的经验，结合自身发展定位，将金融开放水平提升至高于上海自由贸易试验区的层次。长期以来，上海作为我国金融创新改革的排头兵，通过设立分账核算的自由贸易账户（FT账户）体系，实现了资金流动的"一线审慎

监管、二线有限渗透"，并首创了一套风险可控的金融审慎管理制度，取得了良好的经济成效。这一制度也在海南自由贸易港得到了复制推广，为资本账户开放开辟了独特路径。然而，海南自由贸易港未来的金融开放创新需求与上海自由贸易试验区存在显著差异，尤其是为了在封关运作后真正实现"一线"放开和"二线"管住，海南自由贸易港推出了符合自身需求的多功能自由贸易账户（EF账户），依托该账户开展更多元化的金融创新，探索独具海南特色的金融创新产品和模式。2024年5月，EF账户已正式上线运行。海南自由贸易港的EF账户在未来应突破上海自由贸易试验区FT账户的边界，在保障便利性的同时，不断升级功能，借鉴国际典型自由贸易港的先进经验，实现更高水平的金融开放创新。

第二，鉴于海南自由贸易港与香港、新加坡和迪拜存在多方面重要差异，海南自由贸易港的金融开放创新既不应简单照搬国际典型自由贸易港的相关做法，也无须过分追求达到如此之高的金融开放水平，一切金融开放创新要依海南自由贸易港实际发展需要开展。海南自由贸易港的建设，未来应该在推动我国金融开放创新上取得一定的突破，这意味着海南自由贸易港的金融开放水平在未来应位居全国前列，即超过上海自由贸易试验区的已有开放水平。《总体方案》已明确，海南自由贸易港的金融开放应以实现满足贸易投资所需的跨境资金流动自由便利为主要目标，而不是追求金融开放程度越高越好。这是基于海南自由贸易港的经济发展现实和产业发展定位等方面的综合考量结果。一方面，海南金融市场发展水平较低，风险防范能力不足，未来要将海南自由贸易港打造成国内金融领域的开放高地，需谨慎分阶段进行，即使是金融开放水平领先的新加坡，其金融市场在1997年之前仍是典型的内外分离型，之后才逐步放开管制，转变为内外一体型市场。另一方面，从目标定位来看，打造全球顶尖的国际金融中心并不是海南自由贸易港的建设目标，至少在相当长的一段时间内不是，现阶段海南金融开放的重点还是以服务实体经济为主。而且，全球顶尖的金融开放水平也并不是成为高水平自由贸易港的必备条件。因此，海南在金融开放方面既不可能更不需要完全照搬香港、新加坡和迪拜自贸区的金融开放政策。海南应把握的根本原则还是要以服务实体经济为重点，满足好各个新产业、新业态和新业务的具体需要，实行循序渐进的开放政策，最终实现国内金融开放最高水平。

3.4 人员进出自由便利

人员进出方面，香港、新加坡和迪拜均实行高度自由便利的出入境管理措施，并对国际人才提供各类优惠政策。

1. 国际典型自由贸易港的成功经验

首先，在人员出入境管理方面，香港、新加坡和迪拜都充分利用电子化、智能化等方式进行人员出入境检查。香港的自助出入境检查（e-道）服务和新加坡的自助通关系统（eIACS）均能实现快速通关，迪拜通过智能化管理方式动态监测入境外籍人员在境内的活动。此外，香港和新加坡实行非常宽松的免签或落地签政策，① 迪拜只对首次入境的外籍人士进行严格的安全审查，并且大幅简化自贸区内的工作签证申请程序。

其次，在吸引国际人才方面，香港、新加坡和迪拜的政策各具特色。香港的人才流动政策具有高度的自由性和国际性，优秀人才进出香港非常简单和便利，只需由企业向政府申请工作签证即可，香港只在普通劳动力方面对雇用外地劳工有一定的限制。新加坡则实行较为开放的移民政策，每年都给高端人才批准数量可观的永久居民或公民身份，为不同层次人才提供了种类丰富的工作签证，对雇用外籍劳工实行不同行业对应不同的配额制度。迪拜实行严格的移民政策和较为宽松的工作签证发放政策。迪拜自贸区内不限制雇用外国劳动力，但对外籍人士随任的老年亲属实行严格控制。值得一提的是，尽管迪拜吸引国际人才的做法可以借鉴，但迪拜本国国民的就业是存在严重问题的，迪拜社会的高福利导致了本国国民在就业市场上几乎没有竞争力，其经济发展主要依靠外来的专业技术型人才，因此迪拜只能通过提供比市场平均水平更高的工资来吸引这些国际人才（张明生，2015）。

最后，在人才服务管理方面，香港、新加坡和迪拜的做法不尽相同。香港和新加坡同为全域型自由贸易港，为促进港城融合发展，都建立了专门性

---

① 根据2020年的最新规定，中国香港和新加坡分别对168个和190个国家或地区实行免签证或落地签证安排，但阿联酋于2020年3月19日起暂停了对各国公民的免签、落地签政策（持外交护照人员除外）。

的人才服务平台，如香港的"香港政府一站通"和新加坡的"联系新加坡"人才平台。另外，新加坡还专门成立了新加坡物流管理学院，为自由贸易港发展持续培养专业型人才。迪拜与香港和新加坡不同，迪拜自由贸易港由多个封闭式自贸区组成，内部的自贸区管理局业务主要面向企业而非个人，管理局旨在为企业提供高效服务。

香港、新加坡、迪拜的人员进出自由便利政策见表3-4。

表3-4　　　　　香港、新加坡、迪拜的人员进出自由便利政策

政策	香港	新加坡	迪拜
出入境管理	(1) 有独立的出入境管制权；截至2025年6月，已有174个国家或地区给予香港特别行政区护照持有人免签证或落地签证安排，最长可逗留期为7天至180天不等 (2) 推出自助出入境检查（e-道）服务，大大简化出入境检查程序	(1) 2020年新加坡拥有190个免签或落地签的国家及地区 (2) 采用自助通关系统（eIACS），并且试行"电子入境卡"服务，测试能够扫描指纹、面部和虹膜的非接触式"简易"出入境检查系统	(1) 迪拜对首次入境的外籍人员实施严格安全审查，再次入境的外籍员工通过互联网即可高效发放工作签证；自贸区简化工作签证申请程序，降低了签证费用，并按投资额和企业规模提供一定的免费工作签证名额 (2) 通过智能化管理方式动态监测入境外籍人员在境内的活动
国际人才吸引	(1) 国际优秀人才在香港进出十分方便，只需企业向香港特区政府申请工作签证即可，同时对携同配偶子女来港工作的外籍人士条件宽厚 (2) 但在普通劳动力方面，为保护部分劳工权益，限制雇用外地劳工	(1) 采用比较开放的移民政策，注重引进高端人才，每年批准提供新加坡永久居民或公民身份 (2) 工作签证种类丰富，为各层次人才和从事各类活动人才出入新加坡提供多种不同类型签证 (3) 对外籍工人实行配额制度，不同行业有不同的配额	(1) 阿联酋奉行严格的入籍政策，外国工人和技术型人才基本不可能拿到阿联酋国籍 (2) 迪拜根据企业需求发放外籍人员工作签证，严格控制随任的年老亲属；在自贸区申请工作签证不实行担保人制度 (3) 杰贝阿里等自贸区内不限制雇用外国劳动力；在吸引国际人才上，主要依靠比市场平均水平更高的工资和福利
人才服务管理	建立香港特别行政区政府的一站式入门网站"香港政府一站通"，为企业和劳工提供全方位的信息和服务	建立"联系新加坡"人才平台，是新加坡经济发展局和人力部的下属机构，承担吸引国际人才到新加坡工作、投资和生活的职能	自贸区管理局主要面向企业，可为企业提供一站式的高效服务

资料来源：根据香港政府一站通（www.gov.hk）、新加坡移民局（www.ica.gov.sg）、迪拜海关（www.dubaicustoms.gov.ae）、迪拜杰贝阿里自由区（www.jafza.ae）网站资料整理。

2. 对海南自由贸易港建设的启示

第一，海南自由贸易港应在保证人员进出便利的基础上不断提升人员进出自由的水平。国际典型自由贸易港均实行宽松的人员流动管理制度，值得

海南自由贸易港充分借鉴。一是必须保障人员进出的高水平便利性。无论是从境外进岛的人员还是从内地进岛的人员，都要保证其进出岛手续和相关监管的便利性，要充分利用信息技术提高出入境服务与监管效率，用好人员监管的"电子围网"，运用大数据、人工智能和信息化监管手段实现对进出岛及岛内人员的"无感监管"，尤其是在自由贸易港封关运作之后，在监管方面需要额外关注走私风险等问题，不能因监管烦琐影响人员进出自由贸易港的便利性。二是在监管相关软硬件配套完善的基础上，应尽可能地提升人员进出的自由化水平。这符合国际典型自由贸易港的通常做法。旅游业本就是海南的支柱产业，随着未来海南自由贸易港建设的不断成熟，应不断扩大免签入境政策的适用范围，设计多元化的入境签证制度。

第二，香港、新加坡和迪拜在人才吸引和服务管理方面的做法值得海南充分借鉴。海南由于经济发展基础相对薄弱，长期以来对国内外人才的吸引力不足。在2023年中国最具人才吸引力城市100强评选中，海口位列第67位，三亚位列第81位，与国际典型自由贸易港相比仍有较大差距。[①] 一方面，国际典型自由贸易港往往对高端国际人才提供具有较强吸引力的签证政策，并根据人才不同级别将这些政策进一步细化，这些已有经验可以作为海南吸引人才政策制定的重要参考，如设计针对高层次人才的居留许可、放宽居留许可期限、不限制自由出入次数等特别措施，以及针对自由贸易港急需高端人才以及有特殊贡献的人才核发永久居留卡等。另一方面，吸引人才和出入境便利只是国际典型自由贸易港成功经验的一部分，海南自由贸易港更需要做到的是进一步完善人才服务管理体系。海南要加快提升人才服务管理水平，在吸引人才之后要能够留住人才。

3.5　法治保障体系

自由贸易港的核心是"境内关外"海关特殊监管区，是开放水平最高的特殊经济功能区，其运行和相关经济活动需要高级别的法律授权，也需要与

[①] 《中国城市人才吸引力报告》，智联招聘与泽平宏观课题组研究成果。

之适应的法律体系和司法制度。

1. 国际典型自由贸易港的成功经验

第一，香港、新加坡和迪拜①都通过高级别的专门性立法，明确自由贸易港定位、功能、管理体制、优惠制度和监管制度。香港特区依照《中华人民共和国香港特别行政区基本法》（简称《香港特别行政区基本法》）的规定保持自由港地位，实行自由贸易政策，享有行政管理权、立法权、独立的司法权和终审权。新加坡政府制定颁布《自由贸易区法》作为实施自由贸易区的法源，对自贸区建设及管理运营作出全面制度安排。迪拜自贸区由阿联酋联邦立法授权设立。以设立迪拜国际金融中心为例，首先由阿联酋联邦出台《2004年联邦第8号法律》允许各联邦国创设金融自由区，之后通过阿联酋联邦《2004年第35号法令》授权迪拜设立迪拜国际金融中心（贺小勇，2019）。

第二，在上位法授权的基础上，香港、新加坡和迪拜进一步为自由贸易港制定具体的法律条例，对区内运营管理等方面的各种实施细则进行全面性的规定，建立起完备的法律体系，为自由贸易港的特殊经济功能提供法律依据和强有力的法治保障。其中，香港本地订立《香港法例》，构成香港绝大部分的现行成文法；新加坡制定《自由贸易区条例》作为对自贸区内市场主体管理的实施细则；迪拜制定《2004年第9号法律》来明确规定迪拜国际金融中心在金融和行政管理方面的独立性，并出台针对迪拜国际金融中心的特别法律与规章。在成熟完备的法律体系下，香港、新加坡和迪拜政府能够最小化对市场的干预，不对企业进行常规行政管理，执法机构的一切执法监督行为都有法可依，法治环境高效透明，从而打造了全球名列前茅的营商环境，有效保障了地区经济发展秩序和发展效率。

第三，香港、新加坡和迪拜还拥有成熟且国际化的司法体制，能够通过协商、调解、仲裁和诉讼等多种争议解决方式有效应对自由贸易港内的各类国际民商事纠纷。在处理国际民商事纠纷的司法实践中，国际上通常更多采用替代性纠纷解决机制（ADR），即非诉讼的纠纷解决机制。仲裁作为ADR中最为核心的部分，其中的临时仲裁是国际上普遍使用的一种民商事争议解

---

① 迪拜各自贸区享有高度自由的立法权，在区内享受与区外差异极大的法治环境，此处主要以区内在法律体系和司法制度方面独立于阿联酋相关法律的迪拜国际金融中心为例。

决手段。香港、新加坡和迪拜都成立了国际仲裁中心或国际仲裁院。如香港国际仲裁中心作为香港的主要仲裁机构,兼顾机构仲裁和临时仲裁两种仲裁方式,既可以采用机构仲裁,发挥其可预见性高、保障力度强等优点,又能采用临时仲裁,充分体现其灵活、高效和意思自治的特点。关于诉讼,香港、新加坡和迪拜也设立了专门的国际商事法庭,例如新加坡国际商事法庭,其应对国际商事纠纷具有较强的专业性,得到了国际上的广泛认可,受理案件甚至包括与新加坡没有实质性联系的商事纠纷。国际典型自由贸易港的国际商事法庭一般均与仲裁和调解机构达成协议,能够提供"一站式"服务,即快速实现"诉调对接"或"诉仲对接"(王淑敏和李忠操,2019)。

香港、新加坡、迪拜的法治保障情况见表3-5。

表3-5　　　　　　香港、新加坡、迪拜的法治保障情况

政策	香港	新加坡	迪拜
自由贸易区法	由全国人民代表大会制定《香港特别行政区基本法》,授权香港特区实行高度自治,直辖于中央人民政府。香港特区依照基本法的规定,享有行政管理权、立法权、独立的司法权和终审权	新加坡政府制定颁布《自由贸易区法》,作为实施自由贸易区的法源,对自贸区建设及管理运营作出全面制度安排,包括定位、功能、管理体制、优惠制度、监管制度等多个方面	阿联酋联邦通过立法出台了《2004年联邦第8号法律》(《金融自由区法》),在联邦层面允许阿联酋各酋长国创设金融自由区;迪拜国际金融中心(DIFC)依据阿联酋联邦《2004年第35号法令》而设立
自由贸易区条例	香港本地订立《香港法例》,构成香港绝大部分的现行成文法。香港很多法例都是根据获转授的权力而订立的,称为附属法例。成文法中,经济法约占45%	在新加坡《自由贸易区法》的基础上,制定《自由贸易区条例》作为实施细则,对自贸区内市场主体的日常经营行为进行管理	迪拜《2004年第9号法律》确认设立DIFC,并明确规定DIFC在金融和行政管理方面的独立性;在阿联酋联邦立法和迪拜地方法律允许的范围内,迪拜地方还出台了专门针对DIFC的特别法律与规章
法规体系建设	完备的经济法规体系:比如涉及投资和贸易的公司条例、商业登记条例、进出口条例、应课税品条例等;涉及金融的银行业条例、证券条例等;涉及劳资的雇佣条例、劳资关系条例等;涉及知识产权的商标条例、注册外观设计条例、版权条例等	政府不对企业进行常规行政管理,由执法机构依据公司法、劳动就业法、环境保护法、商品对外贸易法、商品及服务税收法、海关法、商船运输法、战略物资管制法、自由贸易区法等法律制度,对企业进行执法监督	迪拜各自贸区享有高度自由的立法权;DIFC甚至享有民商事立法权和司法权,参照英美民商法制订相关法规,设立金融服务局对区内金融企业进行监管,并设立独立的法院和仲裁庭,成为英美法司法管辖区

注:此处迪拜主要以在司法制度方面独立于阿联酋相关法律的迪拜国际金融中心为例。
资料来源:根据香港特别行政区政府律政司(网址:www.doj.gov.hk)、新加坡法规在线(网址:sso.agc.gov.sg)等相关资料整理。另参见以下文献:中国南海研究院课题组. 迪拜、新加坡成功经验的宝贵启示——"流量"和"腹地"是怎样创造出来的?[J]. 今日海南,2019(8):54-57. 贺小勇. 迪拜自由区的"创法路径"与借鉴意义[J]. 检察风云,2019(4):26-27.

2. 对海南自由贸易港建设的启示

第一,"于法有据"是推进自由贸易港改革创新的重要前提。习近平总书记2014年2月在中央全面深化改革领导小组第二次会议上强调"凡属重大改革都要于法有据"。建设中国特色自由贸易港作为我国改革开放的重大举措,同样要在"于法有据"的重要前提之下推进展开。法律体系的相对完备意味着我国改革开放初期"摸着石头过河"的改革探索方式已不再适用,如今要树立改革法治观,要法制先于实践,实现"立法与改革相衔接",确保改革在法治的轨道上不断推进。"五个自由便利和一个安全有序流动"是海南自由贸易港制度设计中的核心事项,这些改革的推进涉及诸多国家事权,需要突破上位法的相关规定,解决法律滞后性与改革紧迫性不相匹配的问题。

第二,"立法先行"是国际典型自由贸易港建设的成功经验。首先,上位法是自由贸易港实行特殊开放制度的根本保障。国际典型自由贸易港的成功建设,往往都采取了"先立法、后设区"的发展模式。海南要建成具有较强国际影响力的高水平自由贸易港,仅依靠自由贸易试验区已有的成功经验是远远不够的。其次,地方条例以及其他具体的法律法规体系是否完善也决定着自由贸易港法治环境的建设水平。海南应充分借鉴香港、新加坡和迪拜在法治环境建设方面的做法,充分利用好海南作为经济特区的特区立法权,从地方立法层面制定好自由贸易港所需的配套法律法规体系,比如结合国际通行规则,对涉及合同法、公司法、企业破产法等重要商事法律制定实施细则,做到市场主体的进入与退出机制与国际接轨。最后,成熟且国际化的司法体制是自由贸易港长期运作的必要保障。未来,随着开放步伐的加快,海南不可避免地也会遇到各类国际民商事纠纷,应在结合我国国情的基础上适当借鉴国外经验,推进海南自由贸易港司法体制创新,建立多元化民商事纠纷解决机制。

第三,"先立后破"是自由贸易港建设与自由贸易试验区建设的不同之处。自由贸易试验区作为我国改革开放的试验田,在促进贸易投资便利化和加快政府职能转变等方面取得了显著成效。但是我国自由贸易试验区建设过程中也存在较为突出的问题,就是这些制度创新成果缺乏系统集成性,造成这一问题的原因主要在于自由贸易试验区改革过程中法治保障的缺失和地方事权的不足。由于缺乏高级别的法律授权，地方政府在推进自由贸易试验区具体改革事项时只能逐项向上请示，客观上拖慢了自由贸易试验区的改革步伐。有学者对比国际经验后认为我国自由贸易试验区走的是"先设区、后立法"的发展路径，但实际上我国自由贸易试验区的立法级别较低。例如，《中国（上海）自由贸易试验区条例》（以下简称《上海自贸区条例》），其仅仅是地方性法规，与国际经验中的国家层面立法存在较大差别。尽管如此，我国自由贸易试验区建设也推动了高级别法律的修订，例如修订后的《中华人民共和国立法法》（以下简称《立法法》）第13条规定，中央可以授权地方"暂时调整或者暂时停止适用法律的部分规定"，以及修订后的《公司法》取消了最低注册资本要求等。因此，从高位阶的法律层面来看，我国自由贸易试验区的发展路径只能被称为是"先设区、后修法"，通过推动高级别法律的修订，促进制度创新成果在更大范围复制推广，而不是追求从国家层面给自由贸易试验区专门立法。由此可知，我国自由贸易港建设与自由贸易试验区存在根本性差别，自由贸易港是在深化自由贸易试验区改革开放和创新实践的基础上，对标更高水平的国际规则，建设成为全球开放水平最高的特殊经济功能区。因此，自由贸易港不再承担创新成果可复制推广的任务，其建设和运行需要的是"大刀阔斧"的改革。自由贸易试验区的改革模式完全无法满足自由贸易港建设的需要，只有通过高级别的专门性立法，走"先立后破"的道路，才能保证我国自由贸易港建设在于法有据的前提下顺利实现诸多重大改革的"破题"。

3.6 税收优惠制度

实施具有国际竞争优势的税收制度安排也是国际典型自由贸易港的通常做法，除"零关税"这一基本特征外，香港、新加坡和迪拜在其他税收方面均充分体现出"低税率"和"简税制"的税收制度特征。

1. 国际典型自由贸易港的成功经验

第一，香港、新加坡和迪拜的税收制度安排都具有显著的"零关税、低税率、简税制"特征。其中,香港主要税收种类仅为利得税、薪俸税和物业税三种,一般进口货物无关税和进口环节税,无增值税和营业税,基本没有资本利得税。利得税(企业所得税)实行属地原则征收的两级制度,最高税率为16.5%。薪俸税(个人所得税)最高税率为17%,满足条件的内地居民可享受免缴薪俸税的优惠政策。物业税税率为15%,物业税也有相关减免优惠政策。新加坡则以所得税、货物和服务税、财产税、车船税、博彩、印花税等为主要税收种类,一般进口货物无关税和进口环节税,无资本利得税,企业所得税税率为17%,并针对各类企业提供相应的优惠政策,个人所得税实行属地原则征收的累进税率制,最高税率为20%(刘恩专,2018)。新加坡的货物和服务税相当于消费税或增值税,税率为7%,部分经济活动免缴该税。尽管新加坡还征收财产税、车船税、博彩税、印花税等,但新加坡仍是全球税负较低的国家之一。迪拜境内税制体系本就相当简化,主要税收种类少,课税对象非常有限,自贸区内更是实行全球绝无仅有的税收优惠政策,区内无关税、进口环节税、个人所得税和资本利得税,区内企业还享受全球最长的50年企业所得税免税期优惠,期满还可再延长15年免税期,因此迪拜自贸区内企业基本没有税负。

第二,在鼓励或引导投资方面,除香港外,新加坡和迪拜都制定了专门的税收优惠政策。香港强调竞争环境的公平自由,因此较少向个别行业提供大幅税收优惠。新加坡则出于鼓励投资或产业引导等方面的考虑,针对不同类型企业提供不同的税收减免优惠政策。迪拜的杰贝阿里等主要自贸区基本没有税负,其他自贸区则是针对不同产业所设,在区内设置了对应相关产业发展的专门性税收优惠政策。

香港、新加坡、迪拜的税收优惠制度详见表3-6。

表3-6　　　　　　　香港、新加坡、迪拜的税收优惠制度

制度	香港	新加坡	迪拜
主要税种	主要税种为:利得税(企业所得税)、薪俸税(个人所得税)、物业税	主要税种为:所得税(企业所得税、个人所得税、预提税)、货物和服务税(消费税/增值税)、财产税、车船税、博彩税、印花税等	自贸区内企业基本无税负(迪拜主要税种为:社会保障税、关税、销售税、市政税以及企业所得税等)

续表

制度	香港	新加坡	迪拜
主要税收制度	（1）一般进出口货物均无须缴纳关税和进口环节税；针对酒类等4类非零关税商品，对香港本地生产的这4类商品也按照同样的税率征收 （2）利得税采用属地原则征收，境外所得利润不纳税，利得税法人按16.5%征收（首200万港币利润的税率降至8.25%），法人以外的人士为15%（首200万港币利润的税率降至7.5%） （3）薪俸税按比例累进，税率2%至17%不等，最高不会高于其总收入的15%；内地居民在任何评税年度留港不超过183天，可豁免缴纳薪俸税 （4）对大部分资本性收入实行免税 （5）无增值税和营业税 （6）物业税率统一为可收租金（除差饷外）减去维修及保养免税额20%后的15%；香港还征收印花税、遗产税、博彩税等 （7）致力于营造公平的市场竞争环境，较少向个别行业提供大幅税务优惠	（1）一般进出口货物均无须缴纳关税；国际运输服务和进出口相关运输服务，以及与进出口有关的货物装卸、搬运、保险等服务都适用零税率 （2）企业所得税为对内外资企业实行统一税率，税率为17%。所有企业可享受前30万新元应税所得部分免税待遇：一般企业前1万新元所得免征75%，后29万新元所得免征50%；符合条件的企业前10万新元所得全部免税，后20万新元所得免征50% （3）个人所得税只针对境内所得和汇入新加坡的国外所得，实行累进税率制，扣除减免后，税率大致为0至20%不等 （4）无资本利得税 （5）货物和服务税（相当于消费税/增值税）税率为7%，住宅财产的销售和出租、大部分金融服务、出口货物和服务可免征该税 （6）新加坡还征收财产税、车船税、博彩税、印花税等 （7）为了鼓励投资、研发和物流等活动，新加坡政府提供了一系列税收减免优惠，实行一企一策的定向优惠税收政策	（1）自贸区内进出口货物均无须缴纳关税。货物在区内存储、贸易、加工制造均不征收进口环节关税；进区企业其生产所需要的机器、设备、零件和必需品一律免征关税 （2）迪拜企业所得税只针对外资银行（20%）和石油企业（55%）这两类；杰贝阿里等自贸区内50年内免缴企业所得税，期满后可再延长15年的免税期；迪拜国际金融中心内对金融机构免缴企业所得税 （3）迪拜无个人所得税 （4）迪拜无资本利得税 （5）销售税主要局限于酒类，税率为30% （6）市政税税率为5%至10%；社会保障税仅针对具有阿联酋公民身份的迪拜居民，税率为5% （7）自贸区内符合相关法规（工业组织法案）规定的工业项目可以享受一系列的优惠政策，包括全部税种免税5年等；不同自贸区还设置了各自的税收优惠，例如迪拜外包城提供50年100%的免税环境

资料来源：根据香港海关（www.customs.gov.hk）、中华人民共和国香港特别行政区政府税务局（www.ird.gov.hk）、新加坡海关（www.customs.gov.sg）、新加坡国内税务局（www.iras.gov.sg）、迪拜海关（www.dubaicustoms.gov.ae）、迪拜杰贝阿里自由区（www.jafza.ae）网站资料整理。

2. 对海南自由贸易港建设的启示

第一，海南自由贸易港未来的税收制度一定是明显区别于国内现有税收制度的。通过对标国际典型自由贸易港的做法，海南将打造具有国际竞争力的税收制度环境。对此《总体方案》已提出了明确要求，即海南自由贸易港建设将按照"零关税、低税率、简税制"的方向逐步推进。"零关税"代表极大幅度降低海南自由贸易港的关税水平，对绝大部分商品实行零关税政策；"低税率"指个人所得税、企业所得税等税费将维持在较低水平，且针对特定人才或企业实行更为优惠的所得税政策；"简税制"则意味着在未来海南自由贸易港将大幅度减少征税种类，在减并税费方面，计划将现行增值税、消费税、车辆购置税、城市维护建设税及教育费附加等减并成销售税，仅在货物和服务零售环节进行征收，大幅度降低间接税比例。

第二，海南自由贸易港税制改革工作涉及面较多，需分阶段稳步推进。现阶段，海南自由贸易港在"零关税"方面采用了"一负三正"四张清单，实施部分商品的零关税政策，在个人所得税和企业所得税的优惠政策方面也有了较大突破，其中对高端紧缺人才的15%个人所得税具有一定的国际竞争力，对鼓励类产业企业15%的企业所得税也显著低于国内和大部分国际普遍水平，能够有效降低企业税收负担和运营成本。

整个税收制度的大幅度改革是一项复杂的系统工程，无论是取消增值税改征销售税，还是大幅度降低关税水平，均无先例可以参考，要充分考虑税制改革带来的各方面影响。一方面，当海南自由贸易港的税收制度与内地之间存在较大差异时，需做好"二线"处的税制衔接问题，确保税制衔接配套制度的完备性和便利性。另一方面，应尤其关注税制改革对海南财政收支稳定的影响。海南长期以来经济发展基础较为薄弱，自由贸易港建设在财政支出方面压力较大，可以预见海南自由贸易港建设在很长一段时间内都会处于财政"紧平衡"的状态，在税制改革的过程中很可能需要国家给予大力的支持。因此，海南自由贸易港的税制改革应稳步推进，在自由贸易港封关运作之后，相关税收制度应继续朝着"低税率"的目标不断改革，但改革步伐不宜过快，可参考新加坡扩大税收优惠政策的演进历程，分阶段逐步实现税收优惠力度的有序提升。

3.7 运营管理体制

国际典型自由贸易港通常具有高效的政府服务体系。政府要尽可能减少对市场的行政干预，尽可能充分发挥市场机制作用和激发市场主体活力。香港、新加坡和迪拜在运营管理体制和模式上各具特色。

1. 国际典型自由贸易港的成功经验

香港在自由贸易港管理模式上体现出高度市场化的特征，特区政府实行"积极的不干预"政策，在港口管理方面采用的是私人企业管理模式。特区政府只针对土地和大米等某些极为敏感或重要的经济活动进行干预，一般性的行政干预极少，地区经济市场化程度极高。香港港口无论是基础设施建设还是业务经营管理完全由私人企业承担，完全私营化的港口管理模式在世界范围并不多见，其优势在于实现了市场自由定价，提高了运营效率，减轻了政府财政负担；其弊端在于私人企业的投资方式不利于港口长期的战略发展。

新加坡的港口经历了一个民营化的改革历程，现阶段采用的是"政企分离"的运营管理模式，一方面注重国家的统筹协调，另一方面又充分实现港口自主管理。港口最初由政府牵头投资建设并直接管理，1997年后进行了港口股份制改革，以此减少政府在港口运营管理中的直接参与，将原港务局拆分为新加坡海事和港口局（MPA）和新加坡国际港务集团（PSA）。前者为政府机构性质，负责实行必要的监管，后者为股份制企业，负责具体的港口开发经营。

迪拜则形成了"政企合一"的运营管理模式，将负责自由贸易港事务的政府机构企业化运营。例如，杰贝阿里自贸区管理局作为自贸区的管理机构，既是具有政府性质的服务机构，又实行公司化的运营，并被迪拜政府赋予了区内几乎所有经济管理职能和大部分的社会管理职能。迪拜政府通过让渡部分行政权力，实现了政府机构的企业化运营，打造了扁平化的自贸区管理体制，可为企业提供一站式的高效服务。

香港、新加坡、迪拜的运营管理体制见表3-7。

表3-7　　　　　　香港、新加坡、迪拜的运营管理体制

制度	香港	新加坡	迪拜
管理模式	特区政府"积极的不干预"政策下的私人企业管理模式	"政企分离"的运营管理模式，自贸区行政管理和开发经营职能分开	"政企合一"的运营管理模式，自贸区管理体制扁平，运行机制高效

续表

制度	香港	新加坡	迪拜
管理职能归属	香港特区政府对大多数经济活动完全不干预，仅针对某些极为敏感和重要经济活动进行严格控制，比如干预土地一级市场，对进口大米的经营采取许可证制度，对影响民生的商品价格进行适度干预	新加坡政府主要负责制定自贸区政策，实行必要的监管；新加坡政府在港口管理上，经过1997年港口股份制改革后，新加坡海事和港口局（MPA）只负责处理港口和海运相关的管制与技术问题	企业化运营的"政府机构"以杰贝阿里自贸区为例，杰贝阿里自贸区管理局（JAFZA）是自由区的管理机构，是由港口、海关和自由区组成的联合体 迪拜港务集团（DP World）与自由贸易港管理局实行两块牌子一套班子。JAFZA在负责区内投资建设和运营管理的同时，被迪拜政府赋予了区内几乎所有经济管理职能和大部分的社会管理职能，包括国土管理、企业招商审批、基础设施建设、警察治保职权和编制管理权限
	私人发展商承包营运港口的经营管理，包括港口码头的兴建、营运和收费等；香港港口由和记黄埔、美国海陆、韩国现代和中国中远4家港口企业所有、运营和管理	自贸区的具体开发经营职能直接交给企业，新加坡国际港务集团（PSA）、樟宜机场集团和裕廊海底私人有限公司三家企业分别经营管理所有8个自贸区	

资料来源：陈浩. 中国特色自由贸易港研究［D］. 中共中央党校, 2019. 邓春, 翟羽. 欧亚典型港口经济发展经验与模式分析——以鹿特丹港、新加坡港和台湾港口为例［J］. 产业与科技论坛, 2017 (18): 89-90. 李莉娜. 国外自由贸易区发展的经验及其启示［J］. 价格月刊, 2014 (2): 47-54. 张娟. 迪拜杰贝·阿里自由贸易区（JAFZA）解密［J］. 国际市场, 2014 (5): 37-40. 王胜, 刘从勇, 张东东. 迪拜自贸港区发展对海南的启示［J］. 今日海南, 2018 (7): 17-19.

2. 对海南自由贸易港建设的启示

第一，在运营管理体制方面，积极引入市场化运营管理模式，尽可能减少行政干预，从而充分发挥市场机制的作用。尽管不同国际典型自由贸易港运营管理体制的具体表现不同，但都设立了专门的法定管理机构，从政府机构设置上尽可能精简、灵活、高效，并且无论是"政企分离"还是"政企合一"，都尽力降低政府对自由贸易港内部的干预，充分发挥市场作用。

第二，海南自由贸易港在运营管理方面有其自身独特之处，既要学习国际成功经验引入市场化改革，又要立足发展现实，符合海南自身客观条件。国际典型自由贸易港的运营管理模式在执行层面具有较强的统一高效特征，法定管理机构在自由贸易港建设中有效保证了政策执行的专业性和实施效率。香港、新加坡和迪拜自由贸易港区的面积远小于海南全岛，且区内几乎不承担大量普通居民的社会运行功能，因此相对更容易实现"小政府"、统一决策与高效执行。而海南自由贸易港有大量普通居民，显然在运营管理领域涉及的问题更广也更复杂。如今海南自由贸易港已在行政管理体制方面进行了大幅变革,在科学配置行政资源、转变政府职能、深化简政放权方面取得了不错的成效,未来应继续向国际成功经验学习,强化"全岛一盘棋"统筹规划,加强海南各级地方政府经济性和非经济性的政策协调配合。但值得注意的是,受海南长期以来经济发展水平不足的影响,海南自由贸易港在短时间内并不具备向极高市场化水平转变的必备条件。海南自由贸易港的市场化水平应在产业发展更加成熟、营商环境更加优化和法治环境更加完善后,分阶段稳步提升,应避免过快推进市场化改革带来的潜在风险。

第三,与国际典型自由贸易港不同的是,海南自由贸易港现阶段在进一步推动制度集成创新方面仍存在改革自主权不足的问题。尽管从法律层面看,海南自由贸易港有《海南自由贸易港法》作为上位法保障,但仍存在一系列配套保障制度不完善的问题,因而职能部门不敢放手让海南自由贸易港率先推进部分重大改革。应加快理顺相关重大改革事项的事权归属和责任关系问题,着力破解深层次体制机制障碍。

第4章 海南自由贸易港封关运作的制度设计

根据《总体方案》的制度设计，海南自由贸易港的建设目标分为三个阶段：2025年初步建立自由贸易港政策制度体系并正式封关运作；2035年形成成熟的自由贸易港制度体系和运作模式；21世纪中叶全面建成具有较强国际影响力的高水平自由贸易港。封关运作作为海南自由贸易港2025年要完成的首要任务，其正式启动意味着海南将成为一个海关监管特殊区域。

4.1 海南自由贸易港实施封关运作的政策内涵

海南自由贸易港实施封关运作的政策内容重点涉及贸易自由便利、人员进出自由便利和税收制度改革三大方面，其核心是实行"一线"放开、"二线"管住和岛内自由的特殊监管制度（见图4-1）。"一线"放开指海南自由贸易港与世界其他区域的联通将变得更加自由便利。一方面，货物物品入港监管措施将会大大简化，监管重点为必要的安全监管，大大提高货物物品（除禁限类外）的入港自由程度。另一方面，对采用联运提单的转运货物，大大提高其过境自由程度。"二线"管住意味着海南自由贸易港与内地之间要进行适度管制，避免走私逃税等风险。岛内自由还意味着政府对港内经济活动监管的低干预，保障港内企业生产经营、境外货物中转、港内货物储存和流动的高度自由便利。

"一线"放开、"二线"管住意味着海南自由贸易港将打造具有"境内关外"性质的特殊区域。"境内关外"是国内学术界使用的通俗描述语，而非严格的法律词汇，其含义为"仍在国境之内"但"视作关境之外"。因此，这里的国境和关境范围存在不完全一致的情况。一般来说，设立保税区、自由港或自由区时可能会出现这种关境小于国境的情况。也有国家之间结成关税同盟（或更高级的区域经济一体化形式），在同盟内部实施统一的海关法规和关税制度，即关境大于国境的情况。无论是关境小于国境还是关境大于国境，都是通过法律规定人为改变关境的适用范围，其目的都是促进货物和生产要素的自由流通。前者促进了自由区等关境外区域与世界其他区域之间的联通，后者促进了关税同盟内部国家之间的联通。

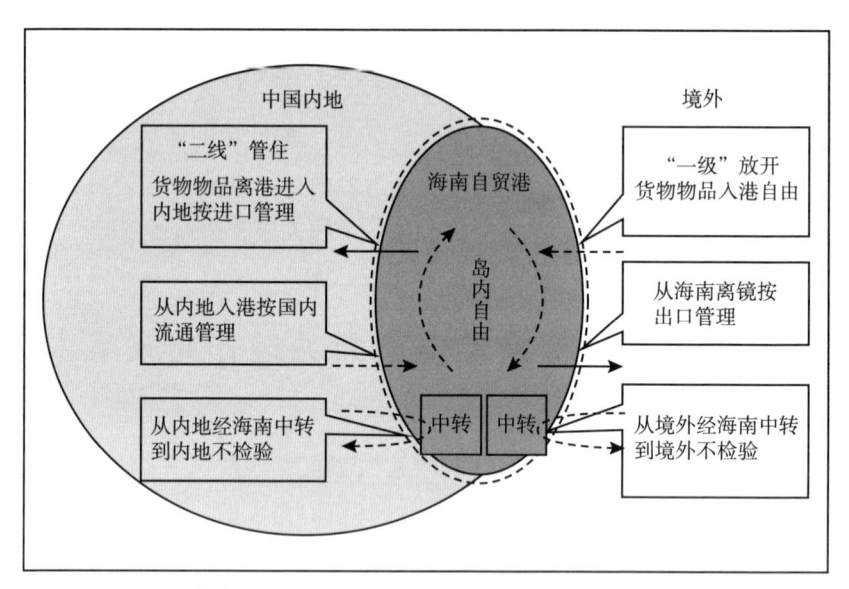

图4-1　海南自由贸易港建设封关运作的海关监管特殊区域示意

资料来源：刘家诚，熊安静，黄景贵.【独家】一图读懂海南自由贸易港一线二线管理模式[EB/OL]. 中国改革报，https://mp.weixin.qq.com/s?__biz=MzAwMDA4Njc4MA==&mid=2651256604&idx=5&sn=c4ae1c2e84ea3fc3f0d1aa86293ed9d3&chksm=811c108fb66b9999aa8f3d021060ed7dbf059c0b33fd71118e87c359121e9a738e87cb1ee815&scene=27.

《总体方案》提出，海南自由贸易港将在全岛建设海关监管特殊区域。这既不同于我国现有的各类海关特殊监管区域，也不同于我国现有的各自由贸易试验区。

海南自由贸易港的海关监管特殊区域不同于我国现有的各类海关特殊监管区域。海关特殊监管区域指的是综合保税区等六类实施海关特殊监管的区域，如海南的海口综合保税区和洋浦保税港区就属于海关特殊监管区域，区内具备保税功能，享受开发区优惠政策，采取封闭围网管理，具有一定程度的"境内关外"特征。但我国各海关特殊监管区域的面积相对较小且功能较为单一，现阶段只有洋山特殊综保区在监管方面最为接近海南自由贸易港"一线"放开、"二线"管住的特征。然而，海南自由贸易港在范围和功能上显然明显超过各海关特殊监管区域，因此还享有更多自由贸易港独享的优惠政策。一方面，海南自由贸易港实行的"零关税"政策与海关特殊监管区域仅有的保税功能存在明显不同。通常海关特殊监管区域仅有贸易、工业及其生产性服务业等经济活动，而海南自由贸易港全岛范围涉及的经济活动显然更为全面，除了单纯的贸易和生产之外，还涉及营业性商业活动、人员进出境、社会运行和居民消费等。另一方面，海南自由贸易港享有区内加工增值超过30%的货物进入内地免关税的税收优惠政策，这种基于原产地规则的税收优惠政策常见于自由贸易协定（FTA）中，仅适用于FTA内部的国家或地区，而海南自由贸易港内鼓励类产业企业也享有这一政策，这对海南自由贸易港鼓励类产业发展起到重要的招商引资和降低成本的作用。此外，海南自由贸易港还有对境内入区、在区内消耗使用、不离境、合理数量的货物物品简化监管手续等。因此，海南自由贸易港的海关监管特殊区域体现的是更高水平的"境内关外"制度，与现有的各类海关特殊监管区域并不相同。

海南自由贸易港的开放程度也远高于我国现有的各自由贸易试验区。一是两者的功能定位不同。我国自由贸易试验区的使命是进行对外开放政策的先行先试，通过先行先试积累经验从而将好的做法在国内其他地区进行复制推广。海南自由贸易港从最初的定位上就与自由贸易试验区大不相同，其是在包含贸易投资自由化在内的更多领域对标国际最高水准，打造全球开放水平最高的特殊经济功能区，因此自由贸易港建设阶段海南享有的各类高水平开放政策是海南独有的，这类政策海南不再承担先行先试和复制推广的功能。二是两者的法律依据不同。自由贸易试验区缺乏高级别的专门性立法，只有各自由贸易试验区的条例，因此在推动这类事权较高的改革事项时仍需通过"一事一议"的方式进行上报，往往导致改革进程缓慢和创新举措"碎片化"，难以做到较高水平的制度集成创新。相比之下，海南自由贸易港建设在发布《总体方案》之后，迅速出台了《海南自由贸易港法》。该法以上位法的方式明确了海南自由贸易港的特殊性和法律地位，对海南自由贸易港将要推进的贸易、投资等各类涉及中央事权的改革事项进行明确。在上位法授权的基础上，形成了符合海南自由贸易港发展需要的一系列法律法规体系，从而为海南自由贸易港的高水平制度集成创新保驾护航。三是两者的监管制度不同。从对外开放特殊区域的属性来看，自由贸易试验区并不是真正的海关特殊监管区域，其往往依托当地海关特殊监管区域设立。从物理范围来看，一般自由贸易试验区既包含海关特殊监管区域又包含非海关特殊监管区域，未计划未来全面转型为"境内关外"的海关特殊监管区域。自由贸易试验区的贸易相关特殊经济功能仅在区内综合保税区、保税港区等海关特殊监管区域进行，这是由于自由贸易试验区为履行其对外开放先行先试的职责，其改革创新内容不局限于贸易自由便利，在非海关特殊监管区域中还要进行投资自由便利等试点创新。然而，自由贸易试验区的非海关特殊监管区域面积仍然相对有限，基本上不承担社会运行和居民消费的功能。海南自由贸易港则在自由贸易试验区的基础上，涉及更多领域更高水平的开放创新，承担的功能更为丰富，加之海南自由贸易港将实行与内地差异较大的税收制度，因此在海关监管制度和监管内容方面与自由贸易试验区存在根本性的差别。尽管海南内部的海关特殊监管区域主要为洋浦保税港区、海口综合保税区等，但随着自由贸易港建设的不断推进，最终是要打造全域性的海关监管特殊区域，即整个海南岛都将成为对外开放特殊区域。

4.2 海南自由贸易港实施封关运作的主要目的

海南自由贸易港实施封关运作服务于海南自由贸易港建设的总体目标，既要推进高水平开放，打造我国深度融入全球经济体系的前沿地带，又要推动高质量发展，建成具有较强国际影响力的高水平自由贸易港。因此，海南自由贸易港实施封关运作的主要目的有两个。

第一，通过实施封关运作加强海南与世界其他国家的经贸往来，促进海南吸引全球各类资源和要素。开放和自由是自由贸易港建设的"主旋律"，实行"一线"放开并推动相关自由化便利化的配套制度改革均是为这一"主旋律"服务的。因此，"二线"管住也可以被视作为实行"一线"放开所需的相关配套制度，顺利启动封关运作则标志着上述自由化便利化相关制度体系的初步建成。封关运作意味着海南与世界其他国家在贸易往来、人员流动等方面将实现高度开放，在实现人流、物流、资金流高度自由便利流动的基础上，形成强大的对外吸引力从而带来大流量的经济活动。海南自由贸易港凭借区内实行高水平的自由便利政策和具有国际竞争力的税收制度，将愈发有能力使从全球吸引来的"流量"变为"留量"，从而带来各类要素甚至产业的集聚效应。

第二，通过实施封关运作加强海南与内地之间的经济联系，同时使海南成为我国建立开放型经济新体制的引领者。启动封关运作标志着自由化便利化相关制度体系的初步建成，海南因此被赋予了一系列特殊政策优势。"封关"强调的是海南与内地之间的"二线"管住，在海南有限范围实行高水平开放下为内地隔绝潜在风险。无论是从顶层设计初衷还是从客观发展现实来看，"封关"都不意味着"封闭"。在海南自由贸易港实行的各种高水平开放政策并不全是海南自由贸易港独享的，也会有一些政策在实施成熟后会被推广至更大范围。因此，海南自由贸易港将在一定程度上发挥为内地扩大开放和深化改革先行先试的功能。

4.3　海南自由贸易港实施封关运作的重要意义

打造我国新时期对外开放的新高地，实施封关运作，对海南自由贸易港建设具有重要意义。

正式启动封关运作是海南自由贸易港制度集成创新成果的一次关键展示，有利于提振国内外对海南自由贸易港建设的信心。封关运作的成功启动将是海南自由贸易港现阶段建设推进的重大成果，意味着自由贸易港政策制度体系的初步建成。海南作为我国经济发展相对落后的省份，自由贸易港建设的提出为海南带来了前所未有的发展机遇，但是如此高标准的建设目标也带来了一些质疑的声音，质疑海南能否达到《总体方案》中所提到的各阶段建设目标并取得显著成效。封关运作的启动是打破这些质疑的最好回应，因此，按计划启动封关运作对海南自由贸易港接下来的建设具有重要意义。

实施封关运作将有效促进生产要素的自由便利流动，帮助海南更好利用国际国内两个市场和两种资源，实现海南自由贸易港的高质量发展。实行国内独一无二的海关监管制度和税收优惠制度，吸引各类资源和要素，将海南打造成为连接国际国内两个大市场的重要桥梁。不断深化海南与粤港澳大湾区、海南与东盟各国之间的经济合作关系，从打造供应链关键节点做起，逐步形成一批优势产业集群，带动高附加值、高技术含量的产业快速发展。促进海南自由贸易港现代产业体系的不断完善，实现海南自由贸易港的高质量发展；再进一步发挥辐射效应，带动国内更大范围的高质量发展。

海南自由贸易港封关运作有利于先行试点部分高标准国际经贸规则，加快我国接轨国际经贸规则的进程，在增强海南自由贸易港国际影响力的同时，不断提升我国在国际市场上的软实力和在国际经贸规则领域的话语权。对标国际经贸合作中的许多高标准国际经贸规则，海南自由贸易港是担任探索、改革、创新的排头兵的不二之选。我国已经加入《区域全面经济伙伴关系协定》（RCEP），正在积极推动加入《全面与进步跨太平洋伙伴关系协定》（CPTPP）和《数字经济伙伴关系协定》（DEPA）等高标准经贸协定，相关高标准规则要求对应的国内制度改革创新更是迫在眉睫。这些相关规则与我国改革开放的推进目标有较高的契合度，但仍需要自由贸易港这样有条件的特殊经济区域来率先开展充分的压力测试，在风险可控并积累足够试点经验的基础上，形成制度集成创新成果并在全国复制推广。

4.4 海南自由贸易港实施封关运作应把握的重要原则

4.4.1 加强贸易自由便利制度集成创新

首先，实行高水平贸易自由便利政策是国际典型自由贸易港的共同做法。高水平的贸易自由便利是国际典型自由贸易港特殊对外开放制度的最基本特征，在贸易自由便利配以投资自由便利等其他重要内容的制度背景下，国际典型自由贸易港实现了港区内外物流、人流和资金流最大限度和最低成本的自由流动。例如，新加坡凭借其高度开放的经济制度和得天独厚的地理位置，不到60年的时间就从一个资源匮乏、产业空白的贫穷国家一跃成为世界最富有的国家之一，同时也从最开始发展转口贸易的单一功能自由贸易港逐步转变成了通往亚洲重要市场的开放门户。

其次，高水平贸易自由便利的实现是制度集成创新的结果。国际典型自由贸易港所达到的高水平贸易自由便利，绝非仅靠推进贸易领域的制度改革就能实现，而是需要投资、金融、法治、税收等相关领域制度改革的同步推进。海南自由贸易港要对标新加坡等国际领先水平，更要注意改革创新的系统集成性，推进包括贸易自由便利在内的诸多相关领域制度集成创新。从国际典型自由贸易港的发展经验可以看出，其对外开放制度的改革创新均是在高级别授权的基础上由各部门协同推进来实现的。一方面，贸易自由化的改革涉及一个国家的基本经济制度，改革事项的推进涉及多项国家事权，因此贸易自由化能够达到的程度主要由制度顶层设计决定。国际典型自由贸易港都通过高级别的专门立法明确自由贸易港特殊的定位、功能、管理体制、优惠制度和监管制度等，如香港的《香港特别行政区基本法》和新加坡的《自由贸易区法》。另一方面，贸易便利化主要得益于各部门的协同合作。国际典型自由贸易港拥有着全球领先的电子政务平台系统，这些系统把贸易活动涉及的各部门有机联系起来，实现功能整合与效率提升，为货物报关、通关、检验检疫提供极其便利的服务。

因此，推进贸易自由便利制度集成创新是自由贸易港建设的基础和关键，这既是国际典型自由贸易港建设的重要经验，也是海南自由贸易港实施封关运作的必要条件之一。《海南自由贸易港法》从上位法层面明确了海南自由贸易港的海关监管特殊区域制度，自由贸易试验区的建设经历以及洋浦保税港区的先行先试帮助海南在贸易自由便利方面积累了许多经验，但海南的贸易自由便利程度和国际高水平自由贸易港相比仍存在较大差距，接下来仍需进一步狠抓制度集成创新，破解制度创新"碎片化"的问题。

4.4.2　牢牢把握与内地紧密联系的特色优势

国际典型自由贸易港的发展经验是海南建设自由贸易港的重要参考，然而海南自由贸易港在功能定位、发展基础、优势特色甚至发展时间窗口等方面均与国际典型自由贸易港存在着较大差别，这意味着海南自由贸易港建设不能盲目照搬国际经验，应在对其充分吸收借鉴的基础上走差异化发展道路，实现国际普遍经验和海南自身特色的有机结合。

海南自由贸易港背靠庞大的内地市场，这是海南不同于其他国际典型自由贸易港的重要特点。海南建立自由贸易港的经济基础较为薄弱，以2018年提出探索建设海南自由贸易港时为例，当年海南经济总量只有4832亿元，仅为同年全国经济总量的0.54%。[①] 由此可知，海南内部经济资源非常有限，自由贸易港的前期发展必然严重依赖于岛外资源。但在海南自由贸易港整体制度体系刚刚初步建立、营商环境仍有较大提升空间的现阶段，期望启动封关运作就能迅速吸引国外优质资源是不切实际的。此外，海南自由贸易港建设具有明显的政策驱动特征，这是我国社会主义制度集中力量办大事显著优势的体现。我国海南自由贸易港建设时间紧、任务重，健全政策制度体系和取得阶段性成效对应的时间窗口并不宽松。因此，海南为实现自由贸易港建设的各阶段性目标，前期发展的外部动力很可能主要来自内地，海南与内地之间紧密的经济联系是海南自由贸易港发展的独特优势，也是海南自由贸易港前期发展的重要依托。

海南自由贸易港的产业发展基础和发展定位也明显区别于国际典型自由贸易港。国际典型自由贸易港最初都是以发展转口贸易起家，之后逐步实现相关产业的发展与升级。海南自由贸易港则明确不以转口贸易和加工贸易为发展重点，而是要重点发展旅游业、现代服务业和高新技术产业，以这些产业为主导构建符合海南特色的现代产业体系。在海南自由贸易港发展至较为成熟之前，包括产业发展在内的各方面经济发展都离不开与内地之间的紧密联系。因此，进一步加强海南与内地市场的经济联系，尤其是深入嵌入粤港澳大湾区产业链，是海南自由贸易港起步阶段产业发展的必然选择。

4.4.3 完善"二线"管住所需配套制度建设

启动封关运作是海南自由贸易港打造海关监管特殊区域的标志性成果，结合国际典型自由贸易港建设经验和中国特色自由贸易港建设目标可知，海

[①] 根据中国统计年鉴（2019）数据计算。网址：https://www.stats.gov.cn/sj/ndsj/2019/indexch.htm.

南自由贸易港启动封关运作应具备的基础条件应包括货物和人员进出监管制度的明确、特殊税收制度的明确以及相关软硬件基础设施的建设。上述监管制度的明确对实现海南自由贸易港的"一线"放开和"二线"管住尤为重要。

对比国际经验可知，香港、新加坡和迪拜并未过多强调"二线"管住的问题，这是海南自由贸易港与国际典型自由贸易港之间的不同。香港作为我国特别行政区，实行的是"一国两制"下的特殊经济体制，享有单独关税区地位和自主性经贸政策，货物在香港与我国内地之间流通须按规定办理进出口申报手续，因此香港与内地之间的往来也涉及"二线"管住问题，但这个"二线"不在香港，而是由内地各海关承担相关的监管职责。新加坡是接近于全域型自由贸易港的小国经济，整体开放度较高，在全域范围适用高度开放的贸易、投资、金融和人员流动自由政策，设立自贸区主要是为了转口贸易的发展，即货物流转主要通过8个自贸区进行，自贸区与其他区域之间以物理围网进行隔离，因此新加坡的"二线"管住主要针对转口贸易货物，涉及的监管对象比较单纯。迪拜共设有24个自贸区，各自贸区功能各异，涉及工业、物流、传媒、信息、金融、教育、科技等诸多领域，针对各领域实施区内区外差异极大的特殊开放制度，因此相关部门只需针对特定领域进行自贸区内外的监管即可。其中涉及工业和物流领域的自贸区也存在"二线"管住的问题，这类自贸区采用物理围网进行隔离。

海南在"二线"管住的问题上与香港的情况不尽相同，比新加坡和迪拜的情况更复杂。海南的"二线"管住在一定程度上可能会影响海南与内地之间往来的便利性，因此，需要把握好"一线"放开和"二线"管住的关系。海南自由贸易港的"二线"管住既包括针对货物的进出监管，又包括针对人员和物品的进出监管，涉及面更广，监管难度将远大于香港、新加坡和迪拜。

4.4.4 把握好改革创新与风险防控之间的关系

《总体方案》在"坚持底线思维"部分提出要"加强重大风险识别和系统性风险防范"，海南自由贸易港建设应贯彻落实《总体方案》的这一要求，坚决防范重大风险和系统性风险的出现。但值得关注的是，现阶段存在着管控过严的趋势。

过于严格的风险管控将带来过高的成本，还会导致改革成效大打折扣。首先，如果要做到杜绝各种可能的风险，必然要动用大量的人力物力，会导致成本和收益严重失衡。其次，过度防范风险必然会对改革力度产生一定程度的不利影响，有时会导致未能按时达到预期目标，这种结果若与市场主体预期存在较大差距的话，会打击市场主体对海南自由贸易港发展的信心，不利于自由贸易港未来的长远发展。此外，遇到未知风险时，要及时采取措施，防止其扩大，但不能因为遇到未知风险就对前期风险防控工作进行全盘否定。

风险管控过严的原因主要是重大改革的配套制度建设不足，中央各部委对部分改革事项的推进难以做到真正放权。在坚持全面依法治国的背景下，各项制度改革创新也应在符合法律法规的情况下推进，这已经是现阶段我国推动经济社会发展的共识。海南在向上争取自由贸易港特殊经济政策时，已写进《总体方案》的一些情况却难以得到批准，说明相关调法调规的配套工作尚不到位，部分领域的责权关系还需进一步理顺。

此外，除了尽快完成相关调法调规工作和厘清责权关系外，也应建立一定的改革容错机制，在确保不发生重大风险和系统性风险的前提下，各部门协同推进制度集成创新。

第 5 章　海南自由贸易港围绕封关运作制度建设的进展与成效

自 2018 年 4 月提出在海南探索建立中国特色自由贸易港以来，海南自由贸易港建设从无到有，政策制度体系在探索中建立并不断完善，如今已在许多领域取得了初步成效。

5.1　顶层制度设计引领自由贸易港建设加速推进

海南自由贸易港的建设过程中，"一本三基四梁八柱"战略框架（简称"1348"战略框架）逐渐形成。"一本"指习近平总书记关于海南工作的系列重要讲话和指示批示，包括习近平总书记 2018 年"4·13"重要讲话，是海南自由贸易港建设发展的根本所在。"三基"指《中共中央 国务院关于支持海南全面深化改革开放的指导意见》《海南自由贸易港建设总体方案》（简称《总体方案》）和《海南自由贸易港法》这三个重要文件。《中共中央 国务院关于支持海南全面深化改革开放的指导意见》作出了海南全面深化改革开放的总体部署，《总体方案》明确了自由贸易港政策制度体系的重要内容，《海南自由贸易港法》提供了自由贸易港制度创新的法治保障，这三个文件构成了海南自由贸易港改革创新的制度基础。"四梁"指海南打造全面深化改革开放试验区、国家生态文明试验区、国际旅游消费中心和国家重大战略服务保障区（"三区一中心"）的发展目标，也代表了海南自由贸易港建设的战略定位。"八柱"指政策环境、法治环境、营商环境、生态环境以及经济发展体系、社会治理体系、风险防控体系、组织领导体系这八个方面，构成了海南自由贸易港建设的重要支柱。

《总体方案》是海南自由贸易港建设首个系统性的"路线图"和"施工

图"，《海南自由贸易港法》是自由贸易港顶层制度设计加速推进的最重要代表。《海南自由贸易港法》是从国家层面单独为海南地区特别颁布的高位阶法律，凸显了海南自由贸易港的特殊性和重要性。从制度设计来看，该法赋予海南更大的改革开放自主权。就立法权限而言，按照该法的规定，海南自由贸易港可以在遵循宪法规定和法律行政法规基本原则的前提下制定海南自由贸易港法规。在贸易投资自由化、便利化以及建立特殊税收制度等方面，《海南自由贸易港法》提供了实施各领域制度创新的立法保障。

2019年3月初，中共中央政治局常委、全国人大常委会委员长栗战书专题听取省委主要领导工作汇报，对加快推进海南自贸区自由贸易港法治建设作出指示。2019年3月5日，十三届全国人民代表大会第二次会议在北京召开。海南代表团向大会提出制定海南自由贸易港法的议案。议案被大会受理，列为第二号议案。全国人大常委会高度重视海南自由贸易港法立法工作，立法调研小组多次听取汇报、召开座谈会并多次赴海南调研，听取对立法工作的意见建议。在此基础上，经反复研究修改，并征求中央和国家机关有关部门、海南省意见，形成了《海南自由贸易港法》草案。2020年12月下旬召开的十三届全国人大常委会第二十四次会议上，《海南自由贸易港法》草案初次提审，于十三届全国人大常委会第二十八次会议提请二次审议。2021年6月10日，十三届全国人大常委会第二十九次会议上，《海南自由贸易港法》经表决通过。《海南自由贸易港法》的立法工作从提出议案到正式实施，仅用了两年三个月的时间，是自由贸易港顶层制度设计加速推进的最突出代表。

梳理我国自由贸易试验区建设以来的制度创新历程，可以看出，我国自由贸易试验区建设和海南自由贸易港早期建设在法律授权模式上存在一定的缺陷。海南要建设成为高水平自由贸易港，必然要对涉及诸多中央事权范畴的事项进行大幅度的制度创新。按照我国《立法法》第八条的规定，"基本经济制度以及财政、海关、金融和外贸的基本制度"和"诉讼和仲裁制度"等事项属于中央事权范畴。海南自由贸易港核心功能涉及的事项内容已由我国对外贸易法、外资企业法、进出口商品检验法、海关法等国家层面的上位法作出规定。因此，《海南自由贸易港法》的出台在这些方面取得了突破，赋予海南自由贸易港调整上述基本制度的立法权。

在《海南自由贸易港法》出台之前，海南自由贸易港早期建设在很大程度上还只能延续自由贸易试验区时期的法律授权模式，这里主要包括两种模式：一是由全国人大及其常委会授权地方人大及其常委会暂时调整或者暂时停止适用法律的部分规定；二是由全国人大及其常委会授权国务院暂时调整自由贸易试验区内的法律实施。第一种模式中，地方仍然需要通过"逐项审批"和"一事一议"的方式向上请示。这是因为自由贸易试验区相关文件法律效力较低，例如《自由贸易试验区总体方案》只属于政策性文件，《自由贸易试验区管理办法》和《自由贸易试验区条例》则属于地方规章和地方性法规，都不具备较高层级的法律效力。自由贸易试验区也涉及多方面的基本经济制度改革，相关事权在中央，具体行政权涉及多个国家部委，实践中自由贸易试验区只能根据具体改革事项分头向相关部委申请，这一过程费时费力，而在上位法尚未进一步调整的情况下，各部委往往也只能依据现行法律拿掉自由贸易试验区的很多重要创新事项。对第二种模式，一些学者认为，在涉及基本经济制度等方面的改革内容上，全国人大常委会是否有权作出调整以及国务院是否具备被授权主体资格等方面存在合法性瑕疵，如上海自由贸易试验区通过这一模式暂停实施涉及外资企业法的行政审批工作，这种涉及外贸基本制度范畴的法治创新合法性存在争议，有学者称之为"法律绿灯"或"良性违法"。[①] 如前所述，"先立后破"是海南自由贸易港建设不同于自由贸易试验区之处，《海南自由贸易港法》则是"先立后破"的实现条件，也是未来推动系统集成性制度创新的重要保障。

在顶层制度设计的引领下，海南自由贸易港建设加速推进制度集成创新，制定了《海南自由贸易港制度集成创新行动方案（2020—2022年）》，提出了政府职能转变、法治建设、贸易自由便利、行政审批制度改革等18项制度集成创新任务。该行动方案的实施已取得显著成效。截至2022年12月，海南自由贸易港累计发布了15批134项制度创新案例，其中多项案例得到权威机构的充分肯定和高度评价，有26项得到国务院、中央和国家权威部门充分肯定。

---

① 饶常林，常健. 我国自由贸易区（港）的模式转变与法治一体建设［J］. 行政管理改革，2019（5）：45–51.

按照《总体方案》的要求，2025年海南要初步建立以贸易自由便利和投资自由便利为重点的自由贸易港政策制度体系，为此海南自由贸易港以"零关税、低税率、简税制"和"贸易投资自由化便利化"为核心的180多项政策文件相继落地生效，为实现封关运作奠定了坚实的基础。

根据海南省政府公布的建设计划，2023年底完成封关运作的硬件基础设施建设，2024年底完成封关运作各项准备工作，2025年前接受全面评估并正式启动封关运作。为完成上述目标，海南省政府以项目化清单化推进各项任务，并确定了"三张清单"。第一张清单是任务清单，统领2024年底前封关需完成的软件、硬件任务，涉及口岸规划与建设、非设关地布局与建设等11个方面64项重点内容。第二张清单是项目清单，主要是硬件任务的项目化，包括口岸建设、海关查验设备等31个建设项目。第三张清单是压力测试清单，旨在封关前充分测试大部分自由贸易港政策，涉及5个领域27项压力测试内容。

5.2 贸易自由便利制度创新成果丰硕

为加快推进海南自由贸易港贸易自由化便利化进程，2021年4月20个部门联合印发了《关于推进海南自由贸易港贸易自由化便利化若干措施的通知》。该通知中包含28项贸易自由化便利化政策措施，其中货物贸易自由化7项，货物贸易便利化6项，服务贸易自由化6项，服务贸易便利化9项，充分体现了海南自由贸易港在贸易自由便利领域的制度集成创新。制度创新带动海南对外贸易快速发展。提出自由贸易港建设后的五年间，海南外贸增势强劲，规模连创新高，货物贸易、服务贸易年均增速分别高达23.4%和17.7%。海南自由贸易港推进贸易自由便利的制度创新成果主要集中在三大方面：一是货物贸易自由化试点工作持续推进；二是国际贸易"单一窗口"建设提升贸易便利化水平；三是服务贸易管理模式取得重大突破。

首先，海南自由贸易港"一线"放开和"二线"管住的货物进出口管理制度试点工作持续推进。根据《总体方案》要求，封关运作之前要在洋浦保税港区等具备条件的海关特殊监管区域进行"一线"放开、"二线"

管住的先行先试。此前我国各类海关特殊监管区域并未实现真正的"一线"放开，货物、人员和资金等要素的流动仍然是受限的，洋浦保税港区将作为海南自由贸易港的先行区，率先承担这一特殊进出口管理制度的压力测试功能，加快取得自由贸易港制度创新的早期收获。2020年6月《中华人民共和国海关对洋浦保税港区监管办法》（简称《洋浦监管办法》）正式出台，同年9月还出台了关于洋浦保税港区的统计办法，增设运输方式"洋浦保税港区"（代码"P"），用于洋浦保税港区与境内区外之间进出口申报。根据《洋浦监管办法》，针对进出洋浦保税港区的货物先行试点"一线"放开、"二线"管住的货物进出口管理制度。除了监管办法规定的法定检验和例外事项外，"一线"货物进出境海关径予放行，在"二线"利用大数据和单一窗口进行高效精准监管，此外还实行"区内高度自由"，区内企业无须单独设立海关账册。在洋浦保税港区先行先试的基础上，"一线"放开、"二线"管住试点的范围和内容逐步扩大。洋浦保税港区2021年7月增加了加工增值超过30%（含）的货物内销免征进口关税的试点内容。2021年11月，"一线"放开、"二线"管住的试点空间范围由洋浦保税港区扩大至海口综合保税区和海口空港综合保税区。2021年12月，"一线"放开、"二线"管住试点的货物范围放宽，允许部分医疗器械在试点海关特殊监管区域享受保税维修业务，并放宽进口船龄限制，简化符合条件药品进口通关手续等。

其次，海南自由贸易港国际贸易"单一窗口"功能不断完善，贸易便利化水平稳步提升。国际贸易"单一窗口"对贸易领域营商环境建设具有重要作用。中国（海南）国际贸易"单一窗口"是海南自由贸易试验区建设阶段的先导性项目，该项目已于2019年4月完成初步建设阶段任务，海南离岛免税系统、通关物流状态信息库、智能舱单系统等多项功能均在"单一窗口"上线运行，还设有船舶动态数据滚动显示的功能。在自由贸易试验区的建设基础上，《总体方案》提出海南自由贸易港建设要打造高标准国际贸易"单一窗口"，对海南自由贸易港贸易便利化建设提出了更高的要求。2020年起海南口岸全面推广以概要申报、完整申报为主要内容的进口货物两步申报模式。海南"单一窗口"的地方特色应用板块内容不断丰富升级。2021年6月海南自由贸易港国际贸易"单一窗口"新增17项海南特色应用模块，简化监管证件和流程，突出海南自由贸易港货物贸易自由化便利化特征，加强包括关税查询在内的数据服务功能，还将国际贸易"单一窗口"向服务贸易领域进行拓展。2022年12月海南自由贸易港服务专区正式上线，有"零关税"、离岛免税、物流协同、公服平台、智慧关务等特色功能。海南国际贸易"单一窗口"的持续优化升级，解决了海南企业多头申报和重复申报的问题，提高了通关效率，大大提高了海南自由贸易港贸易便利化水平。除国际贸易"单一窗口"之外，各类贸易便利化改革举措也陆续出台。海港口岸实行船舶24小时网上报检，推行边检、海关同场联检，推出大型油轮快速通关法，保障大宗商品、鲜活产品、民生物资到港零等待、离港零延时、全天候便捷通关。2025年一季度，为油轮企业等服务对象节省成本500余万元、助力养殖企业出口货值超600万元。[①] 此外，海关系统还调整了海关作业微循环，提升了企业保证金缴、转、退效率，推广自报自缴、汇总征税政策，创新跨境电商小微企业担保新模式，减轻了企业进出口通关成本。综上可知，尽管海南贸易便利化建设起步较晚，进出口整体通关时间长期低于全国平均水平，但如今海南贸易便利化水平已经实现了显著提升，2023年上半年，海南口岸进口、出口整体通关时间分别为16.64小时、0.35小时，较去年同期的37.35小时、1.04小时分别压缩55.45%、66.35%。[②] 其中，部分具体产品通关时间压缩成效极为显著，如通过创新实施出口成品油"即检即放"、乙烯"协同检测"等监管模式，石化产品出口通关时间压缩50%以上。对符合检疫审批要求的进口食品实行"即来即办"，种虾、水果等进口动植物及其产品的检疫审批时间压缩85%以上。进口水泥智慧商检采信模式顺利落地，通关时间压缩90%。

最后，服务贸易自由便利方面也在不断推进，服务贸易管理模式取得重大突破。2020年8月商务部印发《全面深化服务贸易创新发展试点总体方案》，在海南等28个省市（区域）全面深化服务贸易创新发展试点，其中的122项具体改革、开放和创新举措大部分面向所有试点地区，有4项举措在

---

① 2025年一季度海南出入境边防检查主要数据新闻发布会［EB/OL］. 海南省新闻办公室，https：//www.hainan.gov.cn/hainan/szfxwfbh/202504/c8af4d5d9a7e4ded9cdcf83c3139c756.shtml.

② 海南不断提高跨境贸易便利化水平 口岸进出口整体通关时间大幅压缩［EB/OL］. 海南省商务厅，https：//dofcom.hainan.gov.cn/dofcom/xctp/202307/191e6ff6db534f5fa4303fe95910aa75.shtml.

海南先行探索，涉及放宽省内商业特许经营活动的备案要求等试点内容。2021年4月商务部印发《海南省服务业扩大开放综合试点总体方案》，其中第9条与《高新技术企业认定管理办法》第11条相关内容相比，大大放宽了科技企业认定为高新技术企业的标准和审查方式。2021年7月，《海南自由贸易港跨境服务贸易特别管理措施（负面清单）（2021年版）》正式发布，列出针对境外服务提供者的11个门类70项特别管理措施。该负面清单于2021年8月正式实施，成为我国在服务贸易领域的首张负面清单。随着一系列政策陆续出台，海南服务贸易领域制度创新取得了积极成效，"将有关服务贸易管理事项纳入国际贸易'单一窗口'""优化事业单位对外籍人员的管理和服务""构建多元化国际商事纠纷解决工作机制"等创新案例入选全国深化服务贸易创新发展试点最佳实践案例。

此外，2023年6月国务院印发《关于在有条件的自由贸易试验区和自由贸易港试点对接国际高标准推进制度型开放的若干措施》，提出在海南自由贸易港和部分自由贸易试验区试点对接相关国际高标准经贸规则，稳步扩大制度型开放，其中海南自由贸易港在推进贸易自由便利制度创新方面重点涉及以下试点内容。

货物贸易领域：（1）支持试点地区开展重点行业再制造产品进口试点；（2）对暂时出境修理后复运进入试点地区的航空器、船舶（含相关零部件），无论其是否增值，免征关税；（3）对自境外暂时准许进入试点地区进行修理的货物，复运出境的，免征关税；不复运出境转为内销的，照章征收关税；（4）自境外暂时进入试点地区的部分货物，在进境时纳税义务人向海关提供担保后，可以暂不缴纳关税、进口环节增值税和消费税。

服务贸易领域：（1）除特定新金融服务外，如果允许中资金融机构开展某项新金融服务，则应允许试点地区内的外资金融机构开展同类服务；（2）试点地区金融管理部门应按照内外一致原则，在收到境外金融机构、境外金融机构的投资者、跨境金融服务提供者提交的与开展金融服务相关的完整且符合法定形式的申请后，于120天内作出决定，并及时通知申请人；（3）允许在试点地区注册的企业、在试点地区工作或生活的个人依法跨境购买境外金融服务；（4）鼓励境外专业人员依法为试点地区内的企业和居民提供专业服务，支持试点地区建立健全境外专业人员能力评价评估工作程序。

2023年12月，财政部、生态环境部、商务部、海关总署和税务总局联合发布了这套试点政策的配套措施，明确关于暂时出境修理、暂时进境修理和暂时进境货物相关政策的适用货物、适用区域、相关手续要求和实施监管要求等具体内容。

5.3　税收制度改革创新持续释放政策红利

海南自由贸易港将建立具有零关税、低税率和简税制的特殊税收制度，实行与自由贸易港区之外差异较大的特殊税收制度是国际典型自由贸易港的普遍做法，也是海南打造高水平自由贸易港的必备条件之一。现阶段海南自由贸易港在"零关税"和低税率方面的制度创新已经取得了初步成效，各项税收制度创新举措陆续出台，持续释放政策红利。

在封关运作前，海南自由贸易港"零关税"政策通过"一负三正"清单管理实施，即企业自用生产设备的负面清单，营运用交通工具及游艇、企业生产原辅料和岛内居民消费进境商品的三张正面清单。2020年11月，《关于海南自由贸易港原辅料"零关税"政策的通知》发布，对共169项8位税目商品免征进口关税、进口环节增值税和消费税。2020年12月，《关于海南自由贸易港交通工具及游艇"零关税"政策的通知》发布，对符合条件的海南自由贸易港企业进口《海南自由贸易港"零关税"交通工具及游艇清单》内的交通工具及游艇免征进口关税、进口环节增值税和消费税。2021年3月，《关于海南自由贸易港自用生产设备"零关税"政策的通知》发布，对符合条件的海南自由贸易港企业进口自用的生产设备免征关税、进口环节增值税和消费税。2021年12月，《关于调整海南自由贸易港原辅料"零关税"政策的通知》发布，在原169项的基础上，增加鲜槟榔、氯乙烯、航空发动机零件等187项商品至海南自由贸易港"零关税"原辅料清单。2022年2月，《关于调整海南自由贸易港自用生产设备"零关税"政策的通知》发布，在原11类不予免税商品的基础上，将旋转木马、秋千和过山车等8项商品移出负面清单，同时在政策执行主体上增加事业单位。自"零关税"政策实施至2023年12月，海口海关累计监管"零关税"货物195.7亿元，减免税款

37.03亿元。①

加工增值免关税的优惠政策是海南自由贸易港最具"含金量"的政策之一，该政策在洋浦保税港区进行了先行先试，政策红利已经初步显现。2021年7月，《海关对洋浦保税港区加工增值货物内销税收征管暂行办法》出台，明确了洋浦保税港区率先实施加工增值免关税政策，符合条件企业生产的不含进口料件或加工增值超过30%（含）的货物可享受免征关税政策，之后这一政策试点不断增加，由洋浦保税港区先后扩展至海口综合保税区、海口空港综合保税区和海关特殊监管区域外符合产业政策条件的企业实施。这种基于货物原产地认定的税收优惠政策一般是国与国之间组成自由贸易协定（FTA）内部才能享受的特殊政策，并非自由贸易园区（FTZ）的一般做法，是海南自由贸易港在自由贸易园区（FTZ）的基础上引入自由贸易协定（FTA）相关规则的重要创新举措。海南自由贸易港的加工增值免关税政策针对的是特定的鼓励类产业，因此对海南先进加工制造业的高质量发展具有重要意义。海南自由贸易港"一线放开、二线管住"进出口政策制度的相关试点扩区工作正在稳步推进中，进一步扩大自由贸易港加工增值免关税政策的覆盖范围。2024年1月，海关总署正式批复了海南自由贸易港第二批"一线放开、二线管住"进出口政策制度扩区试点企业（产品）名单。与此同时，自由贸易港不断优化ERP联网监管方式，推动公共版ERP上线运行，试点实施"自主声明+集中申报"模式，大幅减少企业申报手续。自政策实施至2023年12月，海南开展加工增值内销企业共22家，累计内销货值46.71亿元，免征关税4.21亿元，②有效降低了企业生产成本。

海南的离岛免税购物政策在经过数次改革调整后，在提振消费市场活力、促进海外消费回流和推动消费结构升级方面发挥了显著作用。为支持国际旅游岛建设，2011年海南试行离岛免税政策，此后虽经历了数次调整，但在免税购物限额、商品类别等方面均存在较多限制，政策效果不够理想。2020年6月，《关于海南离岛旅客免税购物政策的公告》正式发布，这是海南离岛免税购物政策的第六次调整，也是幅度最大的一次调整，大幅度放宽离岛免税

---

①② 海口海关支持海南自贸港外贸保稳提质新闻发布会［EB/OL］．海南省新闻办公室，https：//www.hainan.gov.cn/hainan/c100670/202401/c67b9ff20fc84813a569a59f3073d3e5.shtml.

购物金额、放宽单件商品单价限制和增加免税商品品类范围。2021年2月，《关于增加海南离岛旅客免税购物提货方式的公告》正式发布，邮寄送达和岛内居民返岛提取两种提货方式的增加更是显著提升了离岛免税购物的便利度和满意度。此外，2020年1月发布的《海南省反走私暂行条例》、2021年7月发布的《海南自由贸易港免税商品溯源管理暂行办法》、2021年12月发布的《海南自由贸易港免税购物失信惩戒若干规定》等配套措施从风险防控层面为海南离岛免税购物的平稳发展提供重要保障。2024年海南离岛免税购物金额为309.4亿元，免税购物实际人次为568.3万人次，免税购物件数为3308.2万件。[①]

海南自由贸易港低税率制度安排主要为人才最高15%个人所得税和鼓励类企业实施15%企业所得税政策。这"双15%所得税"的优惠政策于2020年正式实施，吸引了大批企业和人才来到海南。15%个人所得税政策指的是，自2020年1月1日至2024年12月31日，对在海南自由贸易港工作的高端人才和紧缺人才，其个人所得税实际税负超过15%的部分，予以免征。政策实施不到一年时间就引进了人才11万余人，人才资源总量占总人口比例提升到19.97%。2022年9月《海南自由贸易港享受个人所得税优惠政策高端紧缺人才清单管理暂行办法》进行了修订，进一步拓宽了个人所得税优惠政策的覆盖面，将享受海南自由贸易港个人所得税优惠政策的高端紧缺人才基本认定条件，由"连续缴纳社保6个月以上"调整为"累计居住满183天"，且考虑到航空、航运、海洋油气勘探等行业特定人员职业特点，新办法还规定了因这类职业特点无法累计居住满183天也可享受优惠政策的特殊情形。这一政策到2035年前将扩大至在海南自由贸易港累计居住满183天的个人，对其来源于海南自由贸易港范围内的综合所得和经营所得，按照3%、10%、15%三档超额累进税率征收个人所得税。15%企业所得税政策指的是，自2020年1月1日至2024年12月31日，对注册在海南自由贸易港并实质性运营的鼓励类产业企业，减按15%征收企业所得税。政策实施后一年间，海南新增市场主体47万户，其中新增企业近21.5万户。在企业所得税政策之后

[①] 2024年12月海南离岛免税购物统计表［EB/OL］．中华人民共和国海口海关，http：//haikou.customs.gov.cn/haikou_customs/605737/fdzdgknr82/605745/6326412/index.html．

陆续出台了一系列配套政策，包括新增境外直接投资所得免税、对鼓励类产业目录的修订以及对部分问题的公告说明等。最新一版的《海南自由贸易港鼓励类产业目录（2024年本）》在地区性新增目录部分进一步增加了33个条目，新增的内容主要集中在文化旅游、新能源、医药健康、航空航天、生态环保等领域。这一政策在2035年前将扩展至所有在海南自由贸易港注册并实质性运营的企业（负面清单行业除外）。

5.4 人员进出自由便利制度建设稳步推进

根据《总体方案》的要求，海南自由贸易港要实行更加开放的人才引进和停居留政策，并实行更加便利的出入境管理政策。2018年5月海南实施59国人员入境旅游免签政策，促进了入境游客数量较快增长。受疫情影响，海南入境免签政策于2020年3月至2023年3月暂停实施，如今已经正式恢复。2019年7月公安部、国家移民管理局召开新闻发布会，通报支持海南全面深化改革开放的12项移民与出入境政策措施。2019年8月海南落地实施为外籍高层次人才入境停居留、外籍技术技能人员居留、高校外国学生就业创业、外国人到海南诊疗居留提供便利和简化邮轮游艇出入境手续等6项措施。海南自由贸易港积极推进公安出入境"放管服"改革，实行出入境证件办理"只跑一次"、出入境证件"全国通办"、简政放权等系列便民利民惠企措施，有效提升出入境证件办理效率，降低出入境证件办理成本，提高了海南出入境服务管理工作水平。2019年12月海南发布了《外国人来海南工作许可管理服务暂行办法》，用来规范来海南工作外国人的服务和管理，扩大到海南工作的外国高端人才许可范围，面向全球招才引智。在此基础上，2021年11月《海南自由贸易港外国人工作许可特别管理措施（负面清单）（征求意见稿）》和《海南自由贸易港外国人工作许可负面清单管理办法（试行）（征求意见稿）》开始向社会公开征求意见，这两项措施进一步完善了创新外国人工作许可证、居留许可证审批流程模式，助力构建开放便利的移民与出入境引才引智政策体系。为配合人才引进相关工作，2021年4月海南开通了面向全国、辐射全球的国家移民管理机构12367服务平台。该平台提供中英双语 7×24 小时在线咨询，承接出入境法律法规政策咨询、出入境证件问题求助及事项投诉等重要服务功能，满意率达 98.8%，成为推进解决中外人员及企业出入境"急难愁盼"问题的重要窗口。2024 年国家移民管理局先后出台扩大 59 国人员免签入境海南事由、外国旅游团乘坐邮轮入境 15 天免签、港澳地区外国旅游团入境海南 144 小时免签等政策，海南自由贸易港出入境便利政策始终保持全国最优。免签新政实施后，通过免签入境的外国旅客 23.85 万人次，同比 2023 年增长 6.5 倍，占外国旅客总数的 80%以上。[①] 过境免签政策还在进一步放宽优化，2024 年 12 月 17 日起将实行 240 小时过境免签，海口和三亚两个口岸都在此次新政的适用口岸之列。2024 年 9 月《免签证来琼外国人服务和管理办法》正式生效，成为维护国家安全、保障人员进出自由便利和推动海南自由贸易港建设的重要配套措施。此外，根据封关运作形势需要，海口出入境边防检查总站先后承接了"二线"口岸免签外国人离岛管理和口岸签证受理签发任务，持续改进完善"无感、无缝、有效"的离岛管理机制，按规定受理签发紧急来华人员口岸签证，这在全国边检系统尚属首例，也是自由贸易港特定条件下的"海南样板"。

针对海南与内地之间旅客通关的便利化要求，海南自由贸易港大力改善口岸通关环境，合理设置通道，简化查验手续，改进勤务模式，加强预报预检，最大限度保障要素流通。在封关运作之前各类"二线"口岸正在积极创新通关监管举措，以提高通关效率和实现"无感通关"。在机场口岸方面，海口美兰机场基于信用及大数据分析的创新监管模式，实现"旅客一次过检、一机同屏、无感通关"。由于封关运作之后，机场口岸除了现有的安检外，还要增加海关查验的环节，很可能会影响旅客的通关体验。为此海口美兰机场封关运作项目在大胆创新中探索建立安检与海关融合查验模式，让旅客过一次安检就能在后台完成安检和海关两道查验，在确保安全的前提下，最大限度简化流程、最大程度提升效率。未来，海口美兰国际机场还将进一步优化查验通道建设，借助大数据技术实施差异化管理，除判定为重点关注人员之外的信用良好旅客均可实现无感通关。截至 2024 年 9 月，在海口美

[①] 今年以来外国旅客免签入境海南 23.85 万人次［EB/OL］.海南省人民政府，https：//www.hainan.gov.cn/hainan/jdsj/202409/215c99f04db54756bb0e6eade23e9d33.shtml.

兰、三亚凤凰两个空港口岸，查验通道已由原来的 39 条增加至 98 条，启用了快捷通关人员信息备案点，发布"两公布一提示"应对客流高峰，开设大型活动专用通道，常态化落实中国公民出入境候检时间不超过 30 分钟等便利举措，大大提升了中外旅客通关效率。2024 年 3 月博鳌机场航空口岸对外开放顺利通过国家验收组现场验收，同年 4 月正式更名琼海博鳌国际机场，成为海南第三个航空口岸。在客运口岸方面，海口新海港和南港是封关运作后人员进出岛的主要交通枢纽，此处的"二线口岸"客运查验设施、设备建设项目是海南封关运作第一批集中开工项目。新海港和南港"二线口岸"设计及实施阶段按照国务院提出的"口岸管理相关部门信息互换、监管互认、执法互助"的"三互"通关政策，在旅客及客车查验流程设计上充分融入"立足现实、适度超前""集约建设、绿色通关""一次申报、一次查验、一站式通关"的理念。其中，海口新海滚装码头客运综合枢纽站 2023 年底投入试运营，运用人工智能、大数据技术辅助分析提高通关效率，旅客出岛查验区设计可达 9.6 万人/天，通过时间为 12 秒/人；客车出岛查验区设计可达 1.65 万辆/天，通过时间为 50 秒/车。

第6章 海南自由贸易港实施封关运作亟待解决的问题

6.1 "一线"放开涉及目录清单有待出台

《总体方案》中有关贸易自由便利制度设计"一线"放开的安排以及《海南自由贸易港法》第二章第十二条、第十三条、第十六条、第四章第二十八条规定，要求"一线"进（出）境环节强化安全准入（出）监管，加强口岸公共卫生安全、国门生物安全、食品安全、产品质量安全管控。在境外与海南自由贸易港之间，货物、物品可以自由进出，海关依法进行监管，列入海南自由贸易港禁止、限制进出口货物、物品清单的除外。海南自由贸易港对进口征税商品实行目录管理，目录之外的货物进入海南自由贸易港，免征进口关税。由此可见，现行各类"零关税"正负面清单和"放宽部分进出口货物管理措施"，都是在海南自由贸易港全岛封关运作前的过渡性措施，而海南自由贸易港全岛封关运作后"一线"放开的开放程度是由禁止、限制进出口的货物、物品清单（以下简称"禁止限制清单"）和进口征税商品目录这两张清单共同决定的。

进口征税商品目录和海南自由贸易港的"零关税"政策密切相关，进口征税商品目录将决定海南自由贸易港针对哪些商品征收进口关税，目录之外的商品均可享受免征进口关税待遇，海关对这类货物免予常规监管。高标准国际经贸规则的"三零"（零关税、零壁垒、零补贴）原则中第一个就是"零关税"，实施"零关税"政策是国际典型自由贸易港的通常做法，甚至可以说是最基本特征，国际典型自由贸易港一般仅针对酒类、烟草、石油产品等极少数货物征收关税。关税措施作为最直接的国际贸易政策工具，其透明度最高，最能展现海南自由贸易港的对外开放力度。

"禁止限制清单"则体现的是海南自由贸易港在"零壁垒"方面的开放水平，即除了针对目录内商品征收关税之外，海南自由贸易港还将采取哪些非关税措施，如"禁止限制清单"将明确对哪些货物和物品采取进口许可证或进口配额等限制措施，清单之外的货物和物品可自由进出自由贸易港。具体来看，"禁止限制清单"包括限制进口货物物品清单、禁止进口货物物品清单、限制出口货物物品清单和禁止出口货物物品清单这四张清单，这些清单的编制工作不但需要考虑到我国的法律法规，还需要考虑到我国缔结或参加的国际条约所规定的相关义务，既要确保"一线"口岸安全、我国粮食安全战略等要求，也要确保我国对相关国际条约中承诺义务的履约。国际典型自由贸易港在非关税措施方面基本无配额限制，一般仅针对危险品、药品或鲜活产品等少数货物进行许可证管理，体现了全球最高水平的开放程度。但鉴于海南与内地之间紧密的经济联系，海南自由贸易港在"禁止限制清单"必然要考虑更多因素，这一清单要求在实现货物贸易自由便利的情况下，确保各类风险能够得到防范和控制。

6.2 "二线"管住的海关监管压力极大

鉴于海南与内地之间紧密的经济联系，海南自由贸易港在"一线"放开和"二线"管住方面的监管压力将重点集中在"二线"管住。海南自由贸易港全岛封关运作后，在"二线"将针对海南与内地之间往来的货物、物品实施额外的监管措施，从而实现两地不同税收制度的衔接以及防控各类偷逃税或走私风险。要确保全岛封关运作不会对海南与内地之间的经济联系产生负面影响，也就是如何在保障海南与内地之间货物、物品往来高度便利化的同时满足上述监管需求，需要对"二线"进出境海关监管方案中的各个环节进行周全考量。然而，现阶段我国已有的各海关特殊监管区域都没有真正的"二线"管住相关经验可供海南参考，在这方面海南自由贸易港只能自行探索兼顾风险防控和通关效率的监管方案，其中涉及各流程的细节处理方式必须在封关运作前进行明确，做好全岛封关运作的全面准备，确保封关运作后对大量进出岛货物、物品的监管效能。

一方面，根据《海南自由贸易港法》第二十七条和第二十九条的规定，全岛封关运作后海南自由贸易港的税收制度将实现税制简并，将增值税、消费税等多种税费简并后只在货物和服务零售环节增收销售税。为避免出现重复征税，货物由内地进入海南自由贸易港将退还已征收的增值税和消费税，因此全岛封关运作后内地货物进入海南自由贸易港将增加退税报关程序，从而将增加企业报关成本和等待时间。另一方面，海南货物出岛进入内地也存在类似的税制衔接问题。根据《海南自由贸易港法》第二十九条的规定，货物由海南自由贸易港进入内地，原则上按照进口征税，对符合加工增值免关税条件的货物免征关税。这意味着海南货物出岛需要增加原产地认定环节，并且需补缴增值税和消费税，显然这些环节同样会对货物通关效率造成一定的影响。此外，海南自由贸易港还存在口岸标准化建设不足的问题，难以满足全岛封关运作后货物往来的统一监管需要。

海南省统计公报显示，2023年海口、洋浦、八所等主要港口进出海南的货物吞吐量已达到2亿吨。相信在海南自由贸易港全岛封关、各运作机制理顺且相关市场主体预期稳定后，这一数字将迎来新的持续性增长。结合全岛封关运作后针对货物进出岛的上述"二线"监管需要，届时"二线"口岸的货物流量之大必将带来极大的通关监管压力。保障海南进出岛货物的海关监管效率对海南各产业的发展具有重要意义。海南进出岛货物以能源、生产用原材料、机械设备等生产资料为主，若因各类监管制度落后导致货物压港，将对海南与内地之间的产业链供应链造成严重不利影响。

从物品通关需求来看，重点针对的是"零关税"和离岛免税购物政策下可能出现的各类偷逃税或走私行为。根据《总体方案》和《海南自由贸易港法》，"零关税"政策是海南自由贸易港制度设计的重点内容之一，也是海南自由贸易港贸易自由化的最重要体现，鉴于封关运作后"零关税"政策的适用范围是海南全岛，若旅客携带的行李物品为在海南购买的"零关税"进口商品，这类行李物品由海南进入内地时应对其采取一定的限制措施，如进行限额管理等。离岛免税购物政策则是海南作为国际旅游岛时就已实施的优惠政策，《总体方案》进一步放宽了离岛免税购物政策的限制条件，将该政策作为全岛封关运作前的重要任务以形成早期收获。享受离岛免税购物政策的行李物品由海南进入内地时同样需要对其实施限额管理。现阶段离岛免税购物政策的相关流程设计相对完善，监管模式也相对成熟，尤其是在购买这类商品时就已涉及每个人的离岛免税购物额度管理。

根据海南省统计局和交通运输厅数据，2023年海南接待游客9000.62万人次，与2022年相比增幅高达49.9%，其中接待国内游客8949.13万人次，增长49.4%，外国人40.93万人次，增长262.4%，全年实现旅游总收入1813.09亿元，比上年增长71.9%。可以看出，海南旅游业已全面摆脱疫情冲击，实现了强势复苏。海南为我国著名旅游胜地以及未来高水平的自由贸易港，全岛封关运作后针对旅客行李物品的监管压力将会更大。这一监管压力将重点落在旅客携带物品出岛进入内地这一环节，因为旅客进岛时的物品监管只涉及部分危险品等特殊物品，不涉及由两地税制差异带来的监管需要，而旅客携带物品出岛时则涉及针对上述两类物品的必要监管，由此带来"二线"口岸较大的监管压力。这种监管压力不但源于必须确保防控偷逃税和走私等风险的重要责任，还源于如何在履行监管职责的同时不影响旅客的通关体验，通关拥堵甚至滞留现象的出现将会大大降低海南对内地旅客的吸引力，从而严重影响以旅游业为支柱产业的海南经济发展，也无法为自由贸易港建设和发展吸引足够的经济流量。

6.3 "二线"往来货物监管方案有待明确

针对海南与内地之间往来货物的监管要求，《总体方案》和《海南自由贸易港法》已经进行了顶层制度设计，但是无论是由内地进入海南的货物还是由海南进入内地的货物，在具体监管流程上均存在有待明确的地方。

由内地进入海南的货物主要涉及货物退税管理的环节设计问题。根据《总体方案》的设计，货物由内地进入海南按国内流通规定管理，此时未考虑到这类货物的出口退税问题。这与我国海关特殊监管区域的现行管理规定不同。货物通过一般出口方式进入综合保税区等海关特殊监管区域可取得出口退税，然而现阶段由内地进入海南货物的退税方案如何实施尚不够明确。海南自由贸易港作为开放程度更高的海关监管特殊区域，理应享受国内其他海关特殊监管区域的优惠政策，否则进入海南的内地商品价格将包含增值税和消费税，导致这类商品竞争力下降。在这个问题上，2020年《洋浦监管办法》在《总体方案》的基础上进行了优化，其中第一章第四条的规定"境内区外货物入区视同出口，实行退税"，明确了这类货物能够在洋浦保税港区享受出口退税政策。但2021年出台的《海南自由贸易港法》相关表述为："货物由内地进入海南自由贸易港，按照国务院有关规定退还已征收的增值税、消费税。"可以看出，这里并未明确提出这类货物"视同出口"的字样，可能是由于《海南自由贸易港法》及其草案的制定和审议时间更早。在《海南自由贸易港法（草案）》的文本中还维持着与《总体方案》同样的设计，即货物由内地进入海南按国内流通规定管理。根据上述重要文件可以看出，只有《洋浦监管办法》明确了这类货物"视同出口"的待遇，但《洋浦监管办法》的适用范围仅限于洋浦保税港区，无法适用封关运作后的全岛作为海关监管特殊区域的更大范围。是否"视同出口"也涉及针对这类货物的监管责任归属问题。若"视同出口"，则更明确这类货物的退税管理应由海关部门来实行，否则，存在监管责任归属不明确的问题。即使上述优惠待遇和监管责任得以明确，出口退税应在海南还是在内地完成也尚无定论。未来，全岛封关运作后如此大量货物的出口退税若都在海南实施，将给海南海关带来极大的管理压力，可能会造成货物滞留和压港的不利影响；若出口退税由内地完成，可以大大降低货物由内地进入海南的监管压力，但相关流程尚无明确方案。

由海南进入内地的货物主要涉及加工增值免关税政策的实施问题。《总体方案》制度设计中的"二线"管住部分首次明确了海南自由贸易港的加工增值免关税政策，规定鼓励类产业企业加工增值达到30%（含）的货物进入内地可免征进口关税，照章征收进口环节增值税、消费税。《海南自由贸易港法》针对这一政策的表述并未明确规定加工增值的具体比例，这为这一政策的未来适当调整留下了空间。加工增值免关税政策也已在洋浦保税港区进行先行先试，《洋浦监管办法》第一章第四条将享受该政策货物的生产区域限定于洋浦保税港区内部，后续相关文件的陆续出台将这一政策的适用范围逐步放宽到了海口综合保税区、海口空港综合保税区和海关特殊监管区域外符合产业政策条件的企业。现阶段加工增值免关税政策主要存在三个方面的问题有待进一步解决。第一，明确加工增值免关税政策在全岛封关运作后的适用范围和相关管理责任归属。适用范围是海南全岛还是部分区域？如果扩大至全岛范围，有利于更多企业享受该政策，降低企业税负并形成产品价格优势，不过也将伴随着更大范围的原产地认定管理需求。需明确由哪个部门负责加工增值的标准认定工作，避免部分企业钻政策漏洞而导致在内地市场形成不公平竞争。第二，明确是否保留全岛封关运作后享受加工增值免关税政策的特定产业清单。尽管针对鼓励类产业实施该政策有利于促进特定产业的发展，但这种做法也存在两个问题：一是洋浦保税港区及其他新增适用区域真正享受到这一政策的产品品类仍相对有限，政策优势并不明显；二是海南自由贸易港在投资管理制度设计中已经有市场准入负面清单和外商投资负面清单，是否有必要叠加这样的正面清单增加管理成本。第三，如何帮助企业有效减少该政策带来的新增合规成本。根据实地调研得知，企业为享受该政策而找报关行进行报关和对生产场所进行改造的花费远大于获得免关税的好处。一方面，涉及报关行为时，企业往往会找报关行进行代办相关业务，尤其是缺乏报关经验的中小型进出口贸易企业或生产产品种类较多的企业；另一方面，企业为满足海关的事中、事后监管需要，需对生产场所进行改造升级，这是一笔较高的花费。上述新增合规成本很可能会使企业放弃这项政策的好处，导致该政策难以发挥应有的作用。

6.4　"二线"出岛旅客通关监管存在困境

旅客通关监管重点是旅客携带的行李物品的限额管理和反走私监管，如何兼顾大量旅客通关便利和实现海关必要监管是海南自由贸易港全岛封关运作后面临的一大难题。

海南自由贸易港全岛封关运作后在"二线"旅客通关监管上存在困境，这是由海南自由贸易港自身的特殊性决定的。一是海南自由贸易港在"二线"管住上与香港、新加坡、迪拜等国际典型自由贸易港存在明显不同。香港作为真正的全域性自由港，其"二线"管住责任交由内地海关承担，但新加坡和迪拜的自贸区内并无大量居民居住，即区内不承担社会运行功能，重点监管货物流通即可。二是海南自由贸易港实施的离岛免税购物政策并非国际典型自由贸易港的普遍做法。尽管国际典型自由贸易港也实行"零关税"政策和极低的税率制度，但和离岛免税购物政策并不相同，国际上只有极少数国家或地区实施了离岛免税购物政策，其中实施时间较长、运行较为成熟的主要是日本冲绳岛和韩国济州岛。与之相比，只有香港全域内可以基本上实现免税购物，在新加坡和迪拜购买免税商品仍需要在机场免税店等特定场所内实现。海南的离岛免税购物政策是在"零关税"和低税率之上进一步叠加的优惠政策，但也意味着海南必须实施额外的物品监管措施。三是海南自由贸易港的前期发展高度依赖于内地市场，对内地旅客实施的必要监管不能削弱两地之间的经济联系。这是海南自由贸易港在旅客通关监管方面面临的最大挑战，必须大胆创新监管模式，争取让绝大部分旅客实现"无感通关"。

海南自由贸易港针对旅客通关监管还存在以下两个方面的问题，需要进一步明确。

一是"二线"管住的旅客通关监管职责是由内地海关负责还是由海南海关负责。海南自由贸易港将打造全岛范围的"港、产、城"融合型特殊功能区，在制度开放创新力度方面明显高于现有海关特殊监管区域，但《总体方案》和《海南自由贸易港法》对"二线"是否应设在海南口岸并未提出明确要求。如果单纯照搬来往于香港和内地之间的现行做法，则意味着所有通航、通火车、通汽车的城市都需专门设立一个"二线"，为来往于海南和内地之间的旅客设立特殊通道，甚至配套设计特殊证件，这将大大提高制度建设成本，不利于海南与内地之间的人员便利化流动（赵晋平，2023）。如果将海南自由贸易港与内地之间的"二线"设在海南口岸，即将内地海关的"二线"监管职责前移到海南岛，则意味着从海南返回内地的大量旅客将由海南海关负责执行相应的监管职责，这对海南海关而言将是极大的压力，若不能实现绝大部分旅客的"无感通关"，同样不利于海南与内地之间的人员便利化流动。

二是针对旅客行李物品的监管模式应如何把握。未来，随着海南自由贸易港建设的日趋成熟，内地旅客的往来需求必将大幅上升，其中旅客行李物品的监管重点是针对出岛旅客携带物品的限额管理和反走私监管。在琼州海峡跨海隧道短期内难以建成的情况下，旅客出岛的主要方式还是飞机和轮渡，即针对旅客出岛的"二线"监管主要位于机场和轮渡码头。从轮渡码头出岛的旅客包括个人出行、自驾车出行和火车出行三种方式，显然，轮渡码头处的"二线"监管难度明显大于机场"二线"。面对大流量、多场景的旅客通关监管需求，对由海南进入内地的所有旅客进行全部查验的可行性很低。[①] 尽管全部查验的方式能够最大限度地防控偷逃税和走私风险，但势必对出岛旅客的通关便利度造成严重影响，因此需要研究制定更加灵活的旅客通关监管方案。

6.5 税制改革后存在财政波动风险和政策衔接问题

实行具有竞争力的特殊税收制度是国际典型自由贸易港的普遍做法，根据《总体方案》等顶层设计，海南自由贸易港在全岛封关运作后将打造以"零关税、低税率、简税制"为特征的税收制度。构建特殊税收制度的做法对各类市场主体而言是政策利好，有利于海南自由贸易港吸引各类要素资源的集聚。同时，海南税收收入规模较小，2023年海南税收收入为667.35亿元，仅为全国税收收入181129亿元的0.37%，实行特殊的税收优惠制度给全国财政带来的压力和风险较小。但是，海南自由贸易港建设的经济发展基础相对较弱，与国际典型自由贸易港相比，经济发展水平有较大差距，因而存在税收来源有限、财政抗风险能力较弱等问题。这导致海南自由贸易港进行税收制度改革后的财政健康情况存在较大的不确定性。

从近年来海南省财政收支基本情况可以看出，海南省财政呈现明显的"紧平衡"特征，自由贸易港建设面临的财政压力较大，海南省财政收入对中央转移支付的依赖程度较高，海南省各市县对省级转移支付的依赖程度也较高。2023年海南省地方一般公共预算收入和支出分别为900.69亿元和2257.33亿元，存在1356.64亿元的赤字差额，同年中央转移支付补助资金

[①] 一方面，以现有的海关监管人力物力难以胜任如此大量的查验工作；另一方面，对采用自驾车出行的旅客进行全部查验并不现实。

为1286.1亿元，结合债务和预算稳定调节基金的收支情况后，年终结余结转227.8亿元。由此可见，中央转移支付对弥补海南省一般公共预算赤字具有重要作用，是支持海南建设自由贸易港以及维持全省经济社会平稳运转的关键。就海南省内部财政运转来看，2023年海南省对市县一般公共预算转移支付补助资金为1076.3亿元，这笔转移支付成为了维持海南省各市县财政收支稳定的关键。

财政"紧平衡"与海南省财政自给循环能力较弱密切相关，这是由海南长期以来经济发展水平较弱、产业发展相对落后以及税收来源较为有限共同造成的。在海南省财政"紧平衡"状况短期难以得到改善的背景下，海南自由贸易港推进税收制度改革后的财政健康情况存在较大的不确定性。海南产业发展一直未能培育形成较为稳定的税源，在制造业方面只在石化和制药领域表现相对突出。未来，海南要大力发展旅游业、现代服务业、高新技术产业和热带特色高效农业，而这些产业资本劳动比相对较低的特点决定了其在短期内仍然难以成为较为稳定的税源。销售税制度改革是海南自由贸易港税收制度改革中力度最大的一项工作，其作为海南自由贸易港"简税制"和"低税率"原则的充分体现，有利于海南自由贸易港形成较强的税收政策竞争力，但也可能导致一定程度的海南省财政波动风险。

海南自由贸易港销售税改革还会带来海南与内地之间税收政策衔接的问题。销售税改革对形成海南自由贸易港税收政策竞争力优势具有重要意义，但这也意味着海南自由贸易港的税收制度将与内地存在较大差异，必须处理好两地之间货物往来的税制衔接问题。如果不能处理好这一税制衔接问题，可能会导致企业的税收征管遵从成本大大增加。税制改革本身是希望通过税制简并一方面降低整体税负水平，另一方面简化征税环节从而优化营商环境，但税制改革后"二线"处必然要面临两地税收政策衔接的问题，即需要针对增值税和消费税进行退税或补征，这可能反而会对企业交易的便利性产生不利影响。例如，海南企业生产的中间品销往内地时，这种生产环节的交易不涉及销售税，但须由作为购买方的内地企业依法缴纳增值税和补缴关税，由此可能导致内地企业综合考量税收征管便利度后放弃采购海南企业生产的中间品，从而降低海南产地中间品的竞争力，对两地产业链供应链关系造成不利影响，最终对海南自由贸易港融入全国统一大市场造成阻碍。

6.6　封关后离岛免税购物的政策走向不明确

海南自由贸易港全岛封关运作后将实现99%的商品"零关税",届时离岛免税政策如何调整,是应在封关运作准备工作阶段提前明确的问题。现阶段,对全岛封关运作之后离岛免税业务是否保留尚有争议。有的观点认为全岛"零关税"之后没有保留离岛免税业务的需要,即取消在指定地点购物和从指定地点提货的做法。也有观点认为离岛免税业务应维持现有模式。离岛免税购物政策的保留与否,这两种政策走向带来的相关监管需求显然是不同的。

如果封关运作后不再保留离岛免税购物政策,可能会出现的主要问题是部分商品在封关运作之后的免税优惠待遇反而不如封关运作之前。这是因为离岛免税购物政策的免税税种既包括关税,也包括进口环节增值税和消费税,而全岛"零关税"政策的免税税种只有关税。因此,如果取消离岛免税购物政策的话,现阶段放开的离岛免税商品品类在封关运作后就无法再享受免征进口环节增值税和消费税的优惠待遇。可以预见的是,这种封关运作后部分商品享受税收优惠待遇降低的情况显然会对旅客前往海南购物造成负面影响,不利于以旅游业为主导产业的海南自由贸易港未来发展。

如果封关运作后离岛免税业务维持现有模式,那么就面临着离岛免税商品与全岛"零关税"商品作为旅客行李物品由海南进入内地时应该如何监管的问题。对离岛免税商品而言,其从指定地点购买和从指定地点提货,应已免除关税和销售税。旅客持有免税购物凭证,只需按照离岛免税购物额度和其他限制条件进行管控即可。而对从非离岛免税渠道购买的全岛"零关税"商品而言,由于其不计入离岛免税购物额度,若旅客购买大量"零关税"商品并携带回内地的话,会造成关税税收流失的问题,必须在"二线"处实施必要的监管和限制。这也意味着海关物品监管工作的增加,同时可能会对旅客通关便利度造成一定程度的负面影响。因此,在保留离岛免税购物政策的情况下,封关运作后应重点关注非离岛免税渠道购买的全岛"零关税"商品的监管问题,通过合理设计监管方案实现安全性与便利性的双重目标。

此外，如果明确海南自由贸易港未来仍保留离岛免税购物政策，那么还有一些问题应该尽快明确或改进。

首先，海南岛内居民的免税购物政策有待落地。海南岛内居民购买离岛免税商品也需要存在离岛行为才可以进行，尽管增加了"返岛提取"这种更加便利的提货方式，但不存在离岛行为的岛内居民尚不能享受到离岛免税购物政策。而且封关运作后岛内居民消费的进境商品"零关税"政策也尚不确定，是否按正面清单管理、实行何种长度的商品清单以及何种大小的免税购物额度均有待进一步明确。海南岛内居民免税购物问题的解决有利于岛内居民更好地享受自由贸易港政策，降低生活成本并提高幸福感，同时还有利于吸引更多外省人才落户海南，为自由贸易港建设提供人才支持。

其次，离岛免税购物政策的配套制度也存在进一步优化的空间。在商品品类方面，现阶段离岛免税商品品类仍相对有限，部分品类因报关问题难以进入免税店；香化商品仅限于非首次进口商品，导致消费者无法买到国际新品；部分商品引进时所需的证明材料过于烦琐；海南免税店销售商品尚不包括国产品；等等。在商品价格方面，贵价商品受行邮税影响可能高于国内市场甚至港澳和海外市场。在购买便利度方面，海南离岛免税购物便利度仍需提高。随着海南离岛免税经营主体的增加，出现了每家企业都要在口岸设提货点的问题。为解决这个问题，省属国有企业海南数字贸易公司统筹建立了机场、码头、火车站提货点，将除中国免税品（集团）有限责任公司（简称中免）外的4家免税店商品打包在一个提货窗口提货，但旅客仍需分中免、非中免两个窗口排队。

最后，伴随而来的反走私监管压力同样需要配套制度的不断完善。一方面，监管空间范围扩张，针对离岛免税商品走私的监管不仅限于传统走私的边境处，还涉及免税店、指定提货点甚至网络购物平台。另一方面，监管行为范围扩展，既要监管和打击走私贩运行为，也要深挖走私链条的前端和后端，实现针对全链条的严密监管与精准打击。为兼顾便捷通关和严密监管需求，海南口岸基础设施建设也需要进一步强化，口岸信息化建设同样亟待加强。

第7章 健全海南自由贸易港封关运作相关制度安排的政策建议

7.1 加快"一线"放开配套制度建设，逐步承担更多压力测试功能

在"一线"放开配套制度建设方面，要加快制定海南自由贸易港的进口征税商品目录和"禁止限制清单"。这两张清单是海南自由贸易港对外开放水平的重要体现，也是全岛封关运作为实现"一线"放开所必需的配套制度。高水平的"一线"放开有利于海南更好地参与国际分工和融入全球产业链，也有利于为我国加入更高水平自贸协定谈判进行先行先试。

尽管海南自由贸易港全岛封关运作的重点难点在"二线"管住方面，但在"一线"放开方面也要统筹兼顾开放创新和安全稳定的关系，即要保证改革创新目标性和安全性的双重要求。因此在开放力度方面，针对全岛启动封关运作时制定的第一版海南自由贸易港进口征税商品目录和"禁止限制清单"可采用不同的策略，建议以较大开放力度制定进口征税商品目录，以分阶段放开的方式制定"禁止限制清单"。

首先，建议在进口征税商品目录制定上尽可能体现出相对较高的开放程度，真正体现出"零关税"这一自由贸易港的最基本特征。这样做一方面符合《总体方案》和《海南自由贸易港法》的顶层设计，另一方面也能够为我国在更大范围实行"零关税"政策积累经验。根据 RCEP 关于关税削减方面的要求，我国承诺超过 90% 的货物贸易要实现零关税；如果我国加入 CPTPP，则需要向全面取消关税的方向进行改革（即使在初始阶段我国能够以较低出价开启谈判，但最终仍将面临过渡期后全面实行零关税政策的结果）。海南

自由贸易港在全岛封关运作后拥有全面实行"零关税"政策的制度环境，可在进口征税商品目录制定上尽可能放开，通过在自由贸易港局部地区先行先试积累经验。

其次，建议第一版"禁止限制清单"的制定可以适当放开，之后再分阶段逐步取消更多贸易限制和非关税壁垒。初期应重点围绕海南自由贸易港主导产业的切实发展需要，有针对性地采取率先放开的策略。"零壁垒"本身并非海南自由贸易港制度顶层设计的重要目标，考虑到海南自由贸易港与其他国际典型自由贸易港之间的重要差异，要根据海南自由贸易港自身特点，全力推进顶层设计已规定内容。全岛正式封关运作后，在综合评估初期放开部分贸易限制措施所带来影响的基础上，后续版本"禁止限制清单"的制定方面应逐步放开，以适应届时自由贸易港发展的切实需要并促使自由贸易港达到更高开放水平。具体而言，我国目前在小麦、玉米等8类产品上保留了关税配额，针对37种商品实行自动进口许可管理，对旧货进口实行限制管理，针对17种商品实行出口配额管理，还对原油和成品油等13种产品实行国有贸易管理，这些贸易限制措施与CPTPP的规定内容还存在较大差距。为加快我国加入CPTPP谈判步伐，减少未来由于失去发展中国家特殊待遇带来的冲击，应利用好海南自由贸易港这个开放高地，推进适应高水平贸易协定内容的先行先试，通过"禁止限制清单"的逐步放开，承担更多取消贸易限制领域的压力测试功能。

7.2 利用信息技术推动监管创新，建立健全事中、事后监管体系

海南自由贸易港陆地面积远超过香港、新加坡和迪拜，且其与内地之间具有紧密的"二线"联系，因此必然要通过监管创新以更高的监管效能来应对"二线"管住要求伴随的海关监管压力。无论对"二线"处的货物监管还是物品监管，都应转变监管理念，进一步实现简政放权、放管结合和优化服务，充分利用前沿信息技术为监管创新提供有力技术支撑，采用信息化的事中、事后监管模式，满足海南自由贸易港全岛封关运作后"二线"管住的监

管需要。

第一，应建立事中、事后监管所需的监督前导机制。传统的监管主要是事后监管，这种方式具有明显的滞后性，也会造成事后监管环节压力过于集中的结果，显然不适用海南自由贸易港"二线"管住这种可预见其极大监管压力的情景，因此，必须采用事中、事后监管模式分散监管压力。事中、事后监管的关注点并不局限于事中、事后，许多机制设计恰恰需要在事前环节完成，且监管配套设计也应覆盖事前环节，尤其是应建立位于事前环节的监督前导机制。监督前导机制的作用在于防患于未然，在获取常规监管数据信息的基础上，通过大数据手段进行深入挖掘和研判，提前作出潜在风险的识别、分类和预警，进而对有潜在违法风险的市场主体进行预警提示，对有轻微违法行为的市场主体进行告诫规劝，从而一方面提高监管的透明度，使可能存在非主观故意违法的市场主体更加明确监管的具体标准要求，另一方面提高监管的效能，提前打击潜在违法者的行动意图，有效降低事后监管环节的成本和压力。

第二，应在明确监管责权的基础上最大化实现跨部门、跨区域的协同监管。海南自由贸易港全岛封关运作没有国内先例可作为参考，因而必然会在许多领域产生过去没有出现过的监管需要。因此要提前做好监管方案的全流程设计，明确未来封关运作后各环节的监管职责，实现制度改革前后的无缝衔接，确保监管不缺位、不错位、不越位。监管权力清单要公开透明，将明确的监管依据、主体、内容、权限和要求等向社会公开。在明确监管责权的基础上，促进跨部门、跨区域的信息联通与监管协同，一方面加强各部门信息共享，利用好各类信息化平台实现跨部门信息联通，进而形成跨部门监管联动和执法联动；另一方面要结合"二线"监管需要，加强口岸标准化建设，明确与内地海关通关的单证格式规范、操作流程等，建立健全以跨省反走私联防联控机制为代表的各类跨区域联合监管机制，形成跨区域协同监管。

第三，应建立健全事中、事后监管的信息化平台，完善分级分类监管必需的市场主体信用体系建设。应充分利用好海南已有的社会管理信息化平台，使该平台与海南政务服务平台等重要平台之间形成联动。利用大数据打破"信息孤岛"，将该平台改造成为更适应海南自由贸易港未来需要的事中、事后综合监管信息化平台，以信息监管为核心，更好地发挥该平台的作用，充分释放事中、事后监管带来的监管效能。同时，引入以信用监管为核心的监管制度，完善各类市场主体的信用体系建设，有效降低监管的成本和压力。具体而言，要将公共信用信息的归集、共享、公示、监管等功能融入上述事中、事后综合监管信息化平台，利用市场主体完备的信用信息实现分级分类监管，做到部门联动响应和信用联合惩戒，从而大大提高监管效能。

第四，应不断促进社会化监管力量发挥更大作用。一是要更多发挥行业协会、商会的作用，既要建立好协会、商会与政府之间的沟通机制，还要在事中、事后监管体系中建立协会、商会的参与机制，让协会、商会的意见建议成为相关法规和政策制定及其效果评估的重要参考，鼓励行业协会制定发布行业自律标准，并对违反行业自律标准的会员采取相应的措施。二是支持社会力量在监管中发挥作用，健全公众参与监督的激励机制，对违法失信者进行市场性、行业性、社会性的约束和惩戒，形成全社会广泛参与的监管格局。

7.3 完善"二线"货物进岛监管方案，优化加工增值免关税政策

应完善全岛封关运作后的"二线"货物进岛监管方案。在"二线"货物进出岛监管方面，可以预见的是，进岛货物数量将显著多于出岛货物数量。因此针对如此大规模的进岛货物，应着重在四个方面进行监管方案的完善。一是明确海南全岛海关监管特殊区域的性质。《总体方案》和《海南自由贸易港法》，并未明确表明海南全岛封关运作后作为海关监管特殊区域享受现行海关特殊监管区域的待遇。然而，根据二者定义，海南作为海关特殊监管区域，应享有现行海关特殊监管区域已有的以及其他更高水平的开放或优惠政策。因此，应进一步明确海南全岛海关特殊监管区域享有的待遇，至少短期内应享受与国内海关特殊监管区域同等待遇，从国家层面明确将海南全岛纳入国内通关一体化建设中，赋予海南全岛海关监管特殊区域的保税转关等功能。二是明确内地货物进入海南时的待遇问题。在解决海关监管特殊区域性质的基础上，应参考《洋浦监管办法》对从内地进入海南的货物也"视同出口"。按照国内海关特殊监管区域的现行管理规定，这类货物享受出口退

税，并由海关部门负责相关职责。三是优化出口退税货物的管理方式。建议在海南全岛加入国内通关一体化的基础上，允许并鼓励从内地进入海南的货物于内地就近在综合保税区办理申请退税，之后由综保区直接在海关监管下进行转关运输至海南。上述做法同样需要国家层面的同意和支持。将这部分"二线"功能延伸至内地的海关监管特殊区域，能够大大减轻来自内地的进岛货物通关申报压力，避免这类货物进岛时由于集中申报造成的"拥堵"风险，有效提高"二线"货物通关的便利水平，确保全岛封关运作后内地与海南之间货物往来的便捷通畅。四是完善内地与海南之间的保税通道。应加强海南与广东湛江、徐闻等临港地区的跨岛运输通道建设。湛江综保区已正式封关运作，且由内地进入海南的货物有近七成是从广东湛江进岛，因此应着重加强海南与湛江综保区之间的保税通道建设。未在内地就近综合保税区办理申请退税的货物，也可运至湛江综保区办理进岛退税申请手续，再由湛江综保区保税中转至海南自由贸易港。

针对"二线"出岛货物应进一步优化加工增值免关税政策。加工增值免关税政策是海南自由贸易港的一项重要惠企政策，有利于促进海南本地的产业发展，在海南与内地之间建立更加紧密的产业链供应链。可从以下四个方面进行持续优化。一是建议封关运作后将加工增值免关税政策应用范围扩大至全岛。加工增值免关税政策的适用范围尽管已经实现了一定程度的扩大，但仍相对较为有限，不利于让更大范围企业享受这个政策红利，应在全岛封关运作之前继续扩大该政策适用区域，对该政策进行更大力度压力测试，为海南全岛封关运作后的货物境内跨岛流动的原产地管理政策实施和风险防范积累有益经验。二是推进该政策的配套原产地管理制度创新，率先开展原产地声明管理制度的先行先试。该政策适用区域的不断扩大，必然会伴随着更大的原产地标准核定工作压力，因此建议采取由企业自行出具原产地声明并对该声明真实性作出承诺的管理办法。这种做法与传统的原产地证书管理制度不同，但符合RCEP协定中规定的原产地声明管理制度，有利于降低海关管理成本，提升原产地政策利用效率。我国已承诺将于RCEP生效10年过渡期后全面实行原产地声明制度，海南自由贸易港率先试行原产地声明管理制度不但有利于缓解"二线"货物通关压力并释放更多政策红利，还能为过渡期后我国全面实行该制度进行先行先试和积累经验，加快政府事中、事后监管能力和企业诚信建设步伐。三是进一步放宽加工增值免关税政策的适用条件。由于受到政策适用区域有限以及仅"鼓励类产业企业"适用的双重限制，洋浦保税港区内能享受加工增值免关税的产品品类仍相对有限，建议放开加工增值免关税政策仅"鼓励类产业企业"适用的限制条件。海南自由贸易港已明确未来的现代产业体系构成，涉及重点产业和重点园区发展目标也已明确，取消"鼓励类产业企业"的正面清单可以避免增加不必要的管理成本。四是多措并举促进企业合规成本的有效降低。一方面，如能在海南自由贸易港率先试行原产地声明管理制度，则能一定程度地减少企业在报关手续方面的成本。另一方面，海南自由贸易港还应在事中、事后监管以及企业信用体系建设方面进一步开展制度创新，尽可能降低企业为享受该政策付出的合规成本。

7.4 明确"二线"旅客通关监管职责，创新监管方案保障无感通关

在充分进行科学评估和压力测试的基础上，应谨慎明确"二线"管住的旅客通关监管职责问题。将这部分"二线"设在海南还是内地，两种方案带来的制度成本完全不同，不具备明显的可对比性。应分别对两方案进行针对性科学评估和压力测试，最终决定采用哪种方案。

若"二线"管住的旅客通关监管职责由海南海关来负责，会大幅增加海南口岸的监管压力，需由国家层面做好顶层设计和系统协调，在口岸基础设施建设方面争取国家大力支持。在这种方案下的制度成本主要来自两个方面：一个是海南口岸监管压力过大可能带来的通关拥堵本身，另一个是通关拥堵间接带来的对人员流量的潜在不利影响。后者带来的影响更为深远，因此更需做好事前评估工作。

若"二线"管住的旅客通关监管职责由内地海关来负责，考虑到海南自由贸易港封关运作后全岛与内地之间的制度差异，必须进行特殊的旅客通关监管，因此这种方案意味着在所有能通往海南的内地"二线"处都须设立海南特殊通道，且该通道很可能不同于现有港澳台特殊通道，需要另行增设。

这种方案下的制度成本也主要来自两个方面：一是新特殊通道的建设及配套成本，涉及海南特殊通道的新设或如何与现有港澳台特殊通道进行整合，以及所需一系列配套制度的完善；二是海南特殊通道与内地之间的人员往来会有多大程度的潜在不利影响。

在充分进行科学评估和压力测试的基础上，根据可能带来的成本及其潜在不利影响大小，确定将这部分"二线"设在海南还是内地。

旅客通关监管方案应充分利用个人信用体系进行分类管理。全岛实行封关运作后，在通关查验时将通道划分为申报通道和非申报通道，针对不同类型旅客进行差异化监管。首先，对存在携带自用物品较贵重或购买规定额度以上非离岛免税渠道"零关税"商品的情况，相关旅客填写物品申报单进行主动申报，从申报通道经海关查验后方可放行。其次，对个人信用存在问题或大数据判定为重点关注人员的旅客，须由海关工作人员引导其至申报通道进行检查。最后，大部分无特殊情况的旅客，则走非申报通道，由海关根据所有扫描图像远程筛查可疑行李，再进行开包查验或引导其至申报通道。

为实现旅客的无感通关，应充分利用各类先进技术和查验装备。首先，借助人脸/虹膜识别、信息化和大数据等手段，对旅客全面监控并判断出个人信用存在问题人员或其他应重点关注人员，提前筛选出这类人员并引导其前往申报通道等特殊通道，对其进行全面查验。其次，在关键闸口安装各类先进查验装备，从而提高旅客通关效率，在不同类型口岸安装针对不同对象的查验装备，除了要有传统的针对人和物的查验装备外，还要有海港口岸处针对车辆的查验装备及专用通道，为通关车辆打造门框式查验的专用通道，打造便捷的过检流程。最后，充分利用物联网技术和溯源管理。应在全岛封关运作后打造全岛范围的电子围网，提高全岛范围的监管智能化水平，在有效降低企业引入溯源管理体系成本的基础上，逐步在离岛免税商品之外的更多领域实现远程无人查验。

7.5 适度扩大中央对海南转移支付力度，多措并举确保销售税改革平稳过渡

海南自由贸易港处于建设初期，财政自给能力尚未形成，建议适度扩大

中央对海南转移支付力度。如前所述，海南省财政存在着税收来源有限、财政抗风险能力较弱等问题。受到海南长期以来经济发展相对滞后的影响，这些问题难以在短期内得到较好的解决，只有随着海南自由贸易港各产业实现一定程度的发展之后才能真正得以缓解。通过分析海南省财政情况可知，海南省财政收入对中央转移支付的依赖程度较高，各市县对省级转移支付的依赖程度也较高；尽管中央财政对海南省转移支付力度逐年增加，但基本都被用于海南省对各市县的转移支付，余下用于海南自由贸易港建设的资金非常有限。海南省财政职能应重点服务于自由贸易港建设大局，然而在现阶段财政"紧平衡"的情况下，海南难以兼顾自由贸易港综合建设、支持主导产业发展、防范走私风险问题和兜牢民生保障底线等多重目标。若中央对海南转移支付力度不变，海南财政接下来很可能陷入两难境地：要么减少对各市县转移支付力度，导致海南省和各市县的财政收支矛盾更加突出；要么难以拥有充足的资金支撑自由贸易港初期建设，客观上拖慢自由贸易港建设进度。针对当下海南省财政情况以及海南自由贸易港建设需求，建议中央在深入研究海南自由贸易港建设财政资金需求规模的基础上，适度扩大对海南省的转移支付力度。

现阶段海南自由贸易港建设处于封关运作过渡期的关键阶段，为确保财政收支平稳健康有序运行，应多措并举确保销售税改革平稳过渡。第一，应科学设计销售税的税率问题。海南省财政"紧平衡"特征突出，应在追求低税率目标的同时，避免税负过低对海南省财政造成不利影响。销售税实施初期税率不一定越低越好，应适当兼顾自由贸易港税负竞争力和海南财政健康稳定两大目标，在中长期分阶段进一步降低销售税税率。第二，针对销售税实施初期可能带来的海南财政收支波动问题，中央可建立针对销售税改革的转移支付动态调整机制。在海南实行全岛封关运作和销售税税制改革的关键时期，可能会出现新税制下的财政收入波动风险，应建立财政退坡机制，逐步减少对海南销售税改革的支持力度。第三，海南地方政府应建立与销售税改革相关的稳定基金。在争取中央对税制改革更大支持的同时，海南要充分利用建立基金以及发行专项债的方式，通过多种渠道筹集资金，应对财政收入出现较大波动的风险。第四，海南还应针对销售税改革进行空转记账试验。通过设计和建立空转记账试验机制，一方面，确保新税制下的征税机制流程顺畅，针对不同缴税方案进行试验并对比评估；另一方面，在保证试验数据真实可靠的基础上，考察不同类型市县在新税制下的财政收支变化，从省财政层面做好应急预案。第五，应优化"二线"处退税补税环节设计，降低销售税改革带来的制度性交易成本。一方面，两地税收政策衔接关键环节的制度设计应便利税收征管及纳税遵从，维护全国统一大市场建设。应从制度设计层面有效降低征管遵从成本，优化精简流程设计，提高退税补税环节的便利水平，从而降低销售税改革带来的制度性交易成本，避免割裂全国统一大市场，防范因税制改革带来的制度性交易成本而扭曲全国统一大市场原本的资源配置。另一方面，创新"二线"处增值税退税补税的管理形式，引入"挂账"处理方式进行定期差额结算。例如，2022年由内地进入海南的货值额约15854亿元，由海南进入内地的货值额约15306亿元，由此海南省财政厅估计全岛封关运作后"二线"处的增值税退税和补税金额大致相当，均约为1600亿元，因此，为提高增值税退税补税环节的运行效率，建议引入"挂账"形式处理增值税的退税补税问题，定期由中央与海南地方进行增值税退税补税的差额结算。

7.6 明确封关运作后免税物品监管问题，不断完善离岛免税购物配套制度

要明确封关运作后物品监管的问题，首先应确定封关运作后离岛免税购物政策的走向。笔者建议全岛封关运作后离岛免税业务仍维持现有模式。海南离岛免税政策免税税种包含关税、进口环节增值税和消费税，与韩国济州岛离岛免税政策相近，超过了日本冲绳岛（只免关税）的税收优惠力度，因此海南离岛免税政策是具有国际竞争力的，如今已成为促进海外消费回流的重要举措。反之如果封关运作后取消离岛免税购物政策，将削弱海南自由贸易港的税收政策竞争力。一方面，从消费者的角度来说，海南离岛免税政策比"零关税"政策在税收方面优惠力度更大，如果封关运作后取消离岛免税业务，则无法享受之前离岛免税商品在增值税和消费税上的优惠；即使政策调整（如增加离岛申请退税环节），也将产生手续办理方面的额外负担，影

响旅客来海南消费购物的动力。随着离岛免税店的不断增设扩容，购物便利度有望大幅提升，因此全岛"零关税"购物并不会比必须在离岛免税店购物的做法便利很多。另一方面，从政府的角度来说，保留离岛免税业务模式不会对管理工作产生太大改变，而若取消离岛免税业务，随之而来的问题就是要不要允许离岛申请退税，允许的话就必须同步出台一系列配套政策。根据《海南自由贸易港法》，封关运作后将在商品零售环节征收销售税。按理说，封关运作之后在免税购物方面的税收优惠力度不应低于封关运作之前，若部分商品销售税较高，应允许离岛时申请退税，因而必须研究简并后的销售税是允许全部退税还是部分退税，以及如何在保证人员通关便利度的前提下规划设计退税业务办理方案等问题。此外，离岛免税购物额度若随着离岛免税业务取消而取消，则应提高从海南进入内地境内旅客可携带物品的免税额度，例如使其不低于现阶段离岛免税购物额度，而由于现阶段离岛免税购物额度已上升到10万元，这一额度远超过现行进境居民旅客可携带物品的5000元免税额度，因而应在海关物品监管上的"自用"和"合理数量"两个方面制定新的配套法律法规规定。

　　假设全岛封关运作后离岛免税业务仍维持现有模式，针对从非离岛免税渠道购买的全岛"零关税"商品，短期可按照与现行从国外进境时物品监管大致相同的模式进行。除禁运物品外，在实施物品监管之前，应先明确旅客携带物品的性质。由于离岛免税商品已经有离岛免税额度进行限制，旅客可以提供离岛免税购物凭证，证明所携带物品属于离岛免税商品，则其余携带物品即为自用物品和从非离岛免税渠道购买的全岛"零关税"商品，若自用物品较贵重，应采用提前申报的方式予以放行，最后剩下的携带物品则应根据上述建议进行额度管理和数量管理。额度管理可以沿用《中华人民共和国海关法》的规定，进境居民旅客可携带物品的5000元免税额度，也可以根据实际情况进行适当调整。若进行免税额度的差异化调整，当"二线"设在海南的情况下，即使调整免税额度也只适用于海南海关，不会影响内地其他地方海关监管；当"二线"设在内地的情况下，则需要针对经由海南特殊通道的旅客实施这一差异化额度管理。关于数量管理，封关运作准备工作中的限制进口货物物品清单和限制出口货物物品清单尚未出台，若国家层面另行规定的数量限制商品清单不能适应海南自由贸易港的需要，海南可根据实际情况制定限制进出口物品清单来辅助进行特定物品的数量管理。待封关运作后，长期可进一步研究针对从非离岛免税渠道购买的全岛"零关税"商品的离岛退税问题，不断强化海南免税购物政策的竞争力。如将离岛免税渠道商品和非离岛免税渠道商品金额合并计算，合计在10万元额度之内的非离岛免税渠道商品进入内地时免征增值税和消费税，超出额度的非离岛免税渠道商品进入内地时补缴增值税和消费税，在岛内销售环节，离岛免税渠道商品享受免征销售税待遇，对非离岛免税渠道商品按封关运作后税制征收销售税并不予退税。

此外，在完善离岛免税购物配套制度方面，还应在以下三方面加快建设进度。一是应加快落实海南岛内居民免税购物政策。尽管这一政策确实会造成潜在的走私风险，但在离岛免税商品已存在溯源管理的情况下，结合完善的个人信用体系以及惩罚机制，应能够做到针对岛内居民购买离岛免税商品流入内地的监管，尽早落实这一政策，有利于使岛内居民更多享受自由贸易港建设的红利。二是进一步放宽离岛免税商品品类以及逐步放开特许经营权。离岛免税购物业务的扩大扩容不但有利于加强海南离岛免税购物对内地旅客的吸引力，还能起到缓解"二线"出岛旅客物品监管压力的重要作用。因为离岛免税购物实行的额度管理相当于已经由免税商店部分承担了携带物品的限额监管功能。与此同时，要不断提升离岛免税购物便利程度（如统筹提货点建设，尽早实现全省所有机场、码头、火车站都只设一个离岛免税购物提货点；让购物旅客只需排一次队就可以取到在海南所有免税店买的产品；进行网上补购时线上商品的种类应尽可能同线下免税店相同；等等），使旅客切实感受到离岛免税购物的便利。三是做好反走私监管，通过建立健全反走私联防联控机制，既要严厉打击免税商品走私行为，还要加强异地执法协作机制，斩断离岛免税商品违规销售的渠道，进一步完善《海南省反走私暂行条例》，在反走私、行李和邮递物品管理等方面尽快同步出台或授权海南出台配套法规规章，确保海南自由贸易港海关监管工作有法可依。

第8章 海南自由贸易港封关运作后应重点关注的问题

8.1 法治化建设取得初步进展，但法律法规体系仍需完善

根据《总体方案》的要求，海南自由贸易港建设在 2025 年之前要着力"打基础、补短板、强弱项"，尽快形成早期收获，适时启动全岛封关运作。对海南而言，要在 2025 年之前初步建立自由贸易港政策制度体系并达到国内一流水平的营商环境，相关改革任务是十分艰巨的，《海南自由贸易港法》的及时出台将为改革开放的创新举措提供强有力的法律保障。省人大常委会审议通过和批准地方性法规、法规性决定 128 件，其中紧贴自由贸易港建设急需制定了 31 件海南自由贸易港法规，涉及营商环境、破产程序、知识产权保护等。一系列条例法规的陆续出台，促使海南自由贸易港的法治建设加快推进。但是，海南自由贸易港的法治化建设现阶段仍存在以下几个方面的不足。

第一，海南自由贸易港的立法供给依然不足，主要表现为地方立法工作还需抓紧细化，增强规定的可操作性。尽管《海南自由贸易港法》为自由贸易港建设提供了基本的法律框架，但在实施细则和操作层面的法规尚需进一步具体化，因此需要在《海南自由贸易港法》的基础上不断编制和完善地方立法。例如，海南自由贸易港实行的"一线"放开、"二线"管住的货物进出境管理制度，虽然在原则上为境外货物进出海南自由贸易港提供了自由便利的条件，但在具体操作上，如何实现货物的自由进出，海关如何进行有效监管，封关运作后如何与现行管理制度相衔接，是否立即将这种货物进出境

管理制度应用于全岛范围等，这些问题仍需进一步明确和细化。又如，现阶段海南自由贸易港采用了多项清单管理制度，包括"一负三正"的"零关税"清单、跨境服务贸易负面清单和外商投资准入负面清单，但上述清单管理制度仍存在配套措施不够健全，以及封关运作之后管理制度如何演变或衔接不够明确的问题。再如，《海南自由贸易港公平竞争条例》的出台本应是融合反不正当竞争法和反垄断法两个领域的首创性、突破性举措，但由于这一条例在执法机构的设计方面没有取得重要突破，执法主体的定位、职责并不明确，很可能会影响市场公平竞争相关问题的法律法规执行力度，从而直接影响社会和市场对该条例的优劣评价，这类制度供给缺乏带来的地方性法规效能不足问题也不容忽视。此外，海南自由贸易港在金融开放和数据流动领域的探索同样需要相关立法工作加快推进。在金融领域，近年来从《总体方案》到《关于在有条件的自由贸易试验区和自由贸易港试点对接国际高标准推进制度型开放若干措施的通知》等多个中央文件对海南自由贸易港在金融领域制度型开放方面提出了各种新的要求，然而，金融开放领域立法层面的配套保障措施仍需进一步完善。在数据流动领域，海南自由贸易港发展所需的数据相关基本法律仍处于缺失状态，尽管2019年9月海南自由贸易港发布了《大数据开发应用条例》，但该条例未能聚焦于海南自由贸易港的特色，尤其是基本未涉及有关跨境数据安全有序流动方面的规则。

第二，海南自由贸易港包括法治化制度创新在内的诸多领域制度创新仍存在集成化不足的问题。《海南自由贸易港法》颁布实施以来，海南坚持"急需先立"原则，根据需要开展"小切口""小快灵"立法，这类"小切口""小快灵"立法占据了近年来海南自由贸易港地方立法的绝对比重，约为新制定法规总数的75%以上。这种"急需先立"的做法一方面表明了海南地方层面对完善自由贸易港亟须法治环境的迅速反应，另一方面也反映出集成性制度创新的相对不足。因此，总体而言，尽管海南自由贸易港在制度创新领域已经取得了诸多成果，但是仍存在一般性制度改进多、突破性制度创新少，单项制度创新多、系统集成创新少，单一部门创新多、协同联动创新少的制度创新"三多三少"问题，导致了海南自由贸易港的制度集成创新不足，最终影响了制度创新的整体效果和效能。造成这一结果的原因主要是现阶段海南自由贸易港的制度集成创新仍面临一定的体制机制障碍，尤其是海南推进突破性、关键性制度创新的配套保障措施较为不足，在实际操作过程中还是需要向相关部委申请走"一事一议"流程，反映出现阶段海南自由贸易港制度创新法治保障的缺失，在部分关键事项中改革自主权较为不足，应加快推进相关地方性法规的立法工作以及推动相关上位法层面的调法调规工作。

第三，海南自由贸易港已有法律法规与国际规则对接不足，尤其体现为缺乏多元化的国际商事争端解决机制。多元化的国际商事争端解决机制既是海南自由贸易港法治建设必不可少的重要环节，也是现阶段的短板所在。随着海南自由贸易港建设的不断深入，司法体制创新的重要性将日趋显著，外资企业的持续入驻将不可避免地带来各种商事纠纷，应对这些涉外商事纠纷需要海南加快推进与国际接轨的司法体制改革。总体而言，司法体制改革创新的不足并非海南自由贸易港独有的问题，而是我国现阶段司法体系面临的普遍挑战。我国尚未建立起完善的多元化国际商事争端解决机制。现阶段的司法实践以诉讼为主，但我国的司法体制在诉讼程序方面仍需进一步完善，仲裁和调解方面的不足尤为突出。主要表现为缺乏系统性的国际商事争端解决机制。我国仅在部分自由贸易试验区内开展了相关制度创新的初步探索，海南未来要建成国际化的高水平自由贸易港，亟须率先在这方面实现制度创新突破。海南自由贸易港2020年出台的《海南省多元化解纠纷条例》更多地集中于框架性、宣示性层面，系统、全面且具有可操作性的调解规则、仲裁规则都未出台。

综上可知，海南自由贸易港在诉讼、仲裁和调解三方面均存在进一步的司法体制创新需求。第一，在诉讼方面，与国际典型自由贸易港的国际商事法院相比，海南自由贸易港涉外民商事法庭还基本沿用传统国内审判规则。一方面，这意味着海南自由贸易港的法律体系可能与国际贸易法律体系之间存在部分差异和冲突，这两种法律体系在主体、内容、争议解决方面可能均存在较大区别，由此带来的不确定性将严重影响投资者的预期。另一方面，海南自由贸易港的涉外贸易法律法规较不完善，部分关键领域存在法律缺失或难以适应新的国际贸易形势，且已有涉外贸易法律法规与其他法律法规之间缺乏有效的衔接和协调，可能存在法律适用上的冲突和漏洞。第二，在仲裁方面，海南自由贸易港亟须完善促进国际商事仲裁发展的各项配套措施。

2024年5月通过的《海南自由贸易港国际商事仲裁发展若干规定》首次以立法形式对临时仲裁作出规定，这标志着仲裁领域的重要制度创新和突破。此前我国仲裁法只承认机构仲裁的合法性，但单纯的机构仲裁在应对未来更加复杂的涉外纠纷上有其局限性，而在国际商事争端解决中发挥重要作用的临时仲裁机制，其合法性未被我国仲裁法所承认。如今海南自由贸易港在仲裁制度国际化和推进国际仲裁合作等方面作出了初步探索，接下来应着力将相关规定进一步明确和细化，以增强海南自由贸易港在国际商事仲裁领域的国际竞争力和吸引力。第三，在调解方面，国际商事争端调解机制在我国应对国际商事纠纷实践中并未得到相应的地位。调解机制作为典型的非正式争端解决机制，具有非对抗性、保密性和低成本等优势，在国际商事纠纷解决中具有广泛的适用空间。从国际经验来看，香港和新加坡都成立了专门的国际商事调解中心。海南自由贸易港国际商事纠纷解决中心于2024年6月刚刚设立，其将诉讼、仲裁、调解等多种功能集于一身，但在调解领域，如何构建既对标国际商事调解通行规则又符合海南自由贸易港发展特色的商事调解制度及配套制度，仍需在实践中不断探索。此外，要实现法律法规与国际规则的充分对接，离不开大量熟悉国内法律和国际规则的复合型专业人才，但专业人才的相对匮乏也使海南自由贸易港推动法律法规与国际规则对接存在短板。

8.2 产业发展基础较为薄弱，主导产业核心竞争力不足

海南产业发展基础至今仍较为薄弱，这与海南特殊的产业结构演变路径有关。海南的产业结构发展与传统产业结构演变规律不大相同。海南在很长一段时间内，都是第一产业占主导地位，而第二、第三产业所占比重很小，这导致长期以来由于基础、区位、政策等原因，海南第二、第三产业发展严重滞后。这一现象一直持续到改革开放以后尤其是海南建省以来才有所转变，1992年海南产业结构开始由"一三二"向"三一二"转变，第一产业占比不断下降，第三产业比重不断上升，主导产业从以农业为主转为以服务业为

主。然而这一阶段第二产业的发展仍非常薄弱，直到2010年海南第二产业占比才首次超过第一产业，开始了由"三一二"向"三二一"的转变。正是由于海南产业结构演进没有经历第二产业占主导的工业化发展阶段，而是直接从第一产业占比明显偏大的基础上，直接进入第三产业快速发展的阶段，因此整体产业发展基础和产业发展动力较为不足。根据2023年海南地区经济统计数据来看，全年海南地区生产总值为7551.18亿元，其中，第一产业增加值1507.40亿元，增长4.6%；第二产业增加值1448.45亿元，增长10.6%；第三产业增加值4595.33亿元，增长10.3%。三次产业结构比例为20.0：19.2：60.8。可以看出，近几年由于受到疫情等因素的影响，海南第二产业占比和第一产业占比非常接近，甚至部分年份略小于第一产业占比，这反映出现阶段海南第二产业发展仍较为弱势。相比之下，海南第三产业增加值占比则在各省位居前列，是海南名副其实的主导产业，但由于缺少第二产业作为依托，海南的第三产业发展尽管占比很大但仍显得后劲不足。

根据《总体方案》以及后续各重要文件，旅游业、现代服务业、高新技术产业以及后来补充上的热带特色高效农业，共同构成了海南自由贸易港的四大主导产业。四大主导产业占地区GDP的比重与2018年相比已上升了超过10个百分点，如今对地区经济增长的贡献率超过六成。然而，受海南产业发展基础薄弱的影响，四大主导产业的发展现阶段仍存在一些亟待解决的问题。

首先，对长期以来作为海南支柱产业的旅游业而言，海南旅游业的主要问题表现为附加值较低。从世界各国的国际旅游胜地成功经验来看，风景独特的地方景点只是其成功的两大决定性因素之一，与此同时，成功的国际旅游胜地往往也是该国的消费和购物胜地，旅游与消费、购物之间相互促进，形成良性循环。因此，具备国际竞争力的消费和购物环境及相关政策，同样是国际旅游胜地成功的另一关键因素。从海南吸引的境外旅游人次规模等指标来看，这一规模并不小，但海南的服务贸易出口额却并不大，这反映出海南旅游的关键词长期局限于"海岛、椰风、休闲"，与国际旅游胜地相比缺少消费购物方面的吸引力。此前海南旅游发展的建设定位是"国际旅游岛"，尽管2011年开始试行了离岛免税政策，但政策力度尚未对旅客消费形成足够吸引力。2018年明确了海南建设"国际旅游消费中心"，随着离岛免税政策制度的不断调整，开放力度不断提高，海南在消费购物方面吸引力的缺失问题将会得以缓解和解决。在现阶段政策重大利好的情况下，医疗旅游方面，海南有望发展出极具自身特色的旅游产品。

其次，海南现代服务业发展水平有待全面提升。尽管第三产业占据海南产业结构中的绝对比重，但海南第三产业内部结构仍有待进一步优化。就第三产业内部而言，如今批发零售业、房地产业和金融业在增加值构成中占据较大比重，海南第三产业发展亟须摆脱过去那种过于依赖房地产业的问题。按照海南发展现代服务业的目标，应重点培育医疗健康产业、会展业、现代金融服务业、现代物流业等。这四个现代服务业可以分为两类，其中，医疗健康产业和会展业是第一类，两者都是具有海南特色的现代服务业，而这两者的发展在一定程度上取决于海南自由贸易港封关运作之后的整体自由便利水平；现代金融服务业和现代物流业是第二类，这两者既是第二产业发展所需的生产性服务业，也是决定海南自由贸易港未来自由便利水平的重要因素。长期以来海南第二产业发展的严重滞后，使得现代金融服务业和现代物流业等生产性服务业的发展同样严重滞后。尽管在金融开放制度建设方面，海南自由贸易试验区通过推出自由贸易账户等创新举措，已经实现了初步探索，在境内外融资和相应投资活动方面发挥了重要作用，但在整体规模和创新步伐等方面仍较为落后，与国内发达地区存在较大差距，与国际典型自由贸易港之间的差距更大。海南省内缺乏大型金融机构，金融业的创新不足，竞争力不强，信贷结构不够优化，系统性风险相对较大。

再次，海南的高新技术产业尚处于起步阶段，许多领域仍在规划之中。这一产业是海南实现跨越式发展、构建现代化产业体系的关键领域，也是其发展中最为突出的短板。这一现状主要是海南整体经济发展水平较落后和第二产业发展严重滞后导致的。长期以来，由于资源、物流等条件所限，制造业始终是海南产业发展的短板。2023年海南工业总产值为861.4亿元，占全省GDP比重的11.4%，仅高于西藏自治区的9.2%。制造业内部结构不合理，缺乏技术先进型制造业，产业创新基础薄弱，研发动力不足，创新成果转化能力不强。2022年海南规模以上石油加工、炼焦及核燃料加工业总产值为659.3亿元，占规模以上工业总产值的23.2%，这一比重在自由贸易港建设初期甚至仍高达1/3，远高于其他行业，高技术制造业企业基本上集中在医药制造业。海南制造业中的大多数产业缺乏龙头企业，产业集中度较低，难以形成产业集群和发挥带动作用，各产业竞争力普遍较弱。因此，海南自由贸易港在打造包括高端装备制造业集群在内的先进制造业产业集群方面，距离既定发展目标仍有较大差距。短期内，海南凭借自身现有实力难以独立实现这一跨越式发展。此外，海南对高新技术产业的聚焦程度仍显不足。从客观条件来看，以海南现有的产业发展基础，难以在生物医药、新能源、新材料、电子信息等高新技术产业领域实现"遍地开花"。

最后，热带特色高效农业作为海南主导产业的重要组成部分，存在显著的产业内部结构不合理问题，具体表现为海南水产品出口额占全部农产品出口额的90%以上，而其他种类的热带特色农业发展明显相对滞后，生产成本较高，生产效率低下，且产品质量难以保障。主要原因有以下三个方面。一是整体战略规划与系统性安排不足。海南农业发展的产业规模不足且较为松散，农业主体规模普遍较小，经营格局较为分散，未能形成具有较强力量的农民合作组织。尽管在省层面出台了一些农业发展支持和引导政策，但是支持力度相对有限，政策落实执行慢，因此海南农业产业发展仍处于一家一户式的初级生产阶段。二是科技创新不足。海南热带特色高效农业存在科技化程度不高的问题，农产品科技含量低，产品质量不高，缺少有竞争力的新品种。同时，农业生产技术水平不高，缺乏对新技术的引进推广应用经验，产学研合作机制单一，融合与协同程度非常有限，难以为农业创新发展提供有力支撑。三是配套保障建设不足。海南热带特色高效农业发展的配套保障建设不足，包括基础设施建设薄弱、地方特色农业保护力度不足以及推介宣传力度不足等。

此外，海南产业发展的竞争力欠缺还体现在人才和技术积累不足上。在人才积累方面，海南的人才储备难以支撑自由贸易港建设的高质量发展。根据第七次全国人口普查结果，2020年海南拥有大学（指大专及以上）文化程度的人口为140万人，与2010年数据相比，每10万人中拥有大学文化程度的由7728人上升为13919人。虽然近几年海南教育发展较快，但各级各类教育主要指标也只是略高于全国平均水平。受高等学校数量等因素的影响，高等教育水平仍有较大提升空间。在海南内部人才供给不足的情况下，必然依赖外部人才引进。但是，海南总体工资水平较低，对外部人才的天然吸引力非常有限。在技术创新方面，海南研发投入水平较低，产出效率远落后于全国水平。尽管海南近年来研发经费投入增速非常快，单从增速来看近几年经常位居全国首位，但由于研发创新基础较弱，海南研发经费支出占GDP比重、规模以上工业企业研发人员全时当量、每万人专利授权量、人均技术市场成交额、高新技术企业总收入占生产总值比重等指标仍低于全国平均水平甚至靠后。

8.3 综合配套保障存在不足，政府治理能力有待提升

现阶段海南在综合配套保障建设方面，无论是硬件还是软件，均存在一定的不足之处，难以满足海南自由贸易港未来的高质量发展需要。综合配套保障建设不足将显著制约海南社会治理能力的有效提升，从而阻碍《总体方案》所要求的治理能力现代化发展目标的实现。具体来看，海南自由贸易港在基础设施建设和营商环境优化方面仍存在短板和弱项。

首先，尽管近年来海南基础设施建设取得了明显进展，但仍在部分领域存在短板，可能对自由贸易港未来的高质量发展形成掣肘。总体而言，海南基础设施建设多年来取得了较为显著的成绩，在保证环境质量和可持续发展的前提下，能源基础设施、交通基础设施和信息基础设施建设均发展迅速。尤其是近几年，海南在信息基础设施方面的建设脚步开始大幅加快，在新基建方面，智慧海南建设正推动互联网、民生等方面的深度融合。但是海南同我国其他省份相比，基础设施建设总体仍处于中等水平。以海南进步较为明显的能源基础设施建设为例，近几年才有效缓解了过去每年户均停电时间较长的问题，能够较好满足城乡居民和产业发展的用电需求，其中海口和三亚两个城市的年户均停电时间基本达到全国主要城市中上游水平。因此，在基础设施建设方面海南仍需继续努力，着力突破下述亟待解决的重点难题。一是琼州海峡运输物流成本居高不下。海南原材料和产品市场"两头在外"，70%以上的生产和生活物资来自岛外，货物运输成本却比内地高20%左右。琼州海峡轮渡高昂的运费和较低的效率，使海南长期面临着岛屿经济自身局限性和物流成本居高不下的双重困境，制约了海南的产业链、供应链的构建。

二是海南未来的电力供应可能存在潜在挑战。随着海南近年来经济社会发展的整体加速，电力负荷连年创造历史新高，在这一背景下，部分特殊时期可能会出现短期电力供需紧平衡的情况，对海南岛内的生产、生活带来一定的不利影响。未来，海南自由贸易港要大力发展高新技术产业，其中的数字经济相关产业以及高端装备制造业发展需要巨大的电量，可能将面临以前产业发展过程中不曾经历过的供电挑战。以数字经济为例，2024年11月海南省通过了《海南自由贸易港国际数据中心发展规定》，支持开展国际数据中心业务，而数据中心内部有大量的服务器等设备需要持续运行，以处理和存储海量的数据，在运算过程中会消耗大量电能。三是港城融合发展所需的综合配套基础设施建设仍有待进一步提升。海南要打造全岛范围的自由贸易港，在港城融合发展方面面临的挑战要大于香港、新加坡和迪拜。海南全岛国土面积3.54万平方公里，总人口近1000万人，规模远大于同为全域型自由贸易港的香港和新加坡，而迪拜自由贸易港的封闭式片区面积较小，不存在内部港城融合发展的问题。这一方面意味着海南自由贸易港发展空间更广，产业布局余地较大，但另一方面也意味着海南实现港城融合一体化所需的工作量也将更大。以海南自由贸易港部分重要产业园区为例，通过调研发现，封关运作之前保税仓和保税通道等建设尚不足以满足重要产业园区内企业的部分需要，存在使用不便利导致的资源浪费问题。除此之外，部分重要产业园区附近的居住、商业、医疗、教育等配套基础设施建设不足，难以形成产业园区对高端人才的有效吸引。

  其次，对标香港、新加坡和迪拜等国际典型自由贸易港，海南自由贸易港的营商环境仍需进一步优化。近年来海南在营商环境优化方面取得了不少进展，在自由贸易试验区建设基础上，海南不断深化商事制度改革，在优化行政管理职能与流程方面取得了显著成效。出台了《海南自由贸易港优化营商环境条例》和《海南自由贸易港公平竞争条例》，下放和取消了诸多行政审批事项。绝大部分省级行政许可事项实现全程网办，由此形成了多批次的制度创新案例。自2023年7月开始每年发布的《海南自贸港营商环境评价情况报告》更是集中展示了海南所取得的成绩。然而综合来看，海南自由贸易港的营商环境优化之路仍然任重道远。需要说明的是，营商环境整体水平亟待进一步优化并不是海南所独有的问题。由世界银行发布的全球营商环境相关报告可知，即使是我国主要发达地区，其营商环境发展水平与国际领先水平也存在着一定的差距。

由近年的《中国城市营商环境报告》可知，海口在对外开放提升方面表现较为突出，而在城市政务环境方面排名相对落后。具体来看，海南自由贸易港在营商环境领域存在以下两大方面问题亟待优化。一是政府治理能力亟待提升。在治理模式方面，尽管海南近年来在行政部门改革方面做了大幅度的调整，但在海南自由贸易港建设上总体仍表现出较强的政府主导型特征，并未以独立于政府架构之外的法定机构运营管理自由贸易港，与国际典型自由贸易港相比市场化程度较低。此外，由于自由贸易港建设初期很多部门都在摸着石头过河，还存在机构和人员调整较为频繁的问题。在部门协作方面，各部门之间的职能定位和事权划分有待进一步明确，存在部分领域交叉监管、重复监管的问题，也存在沟通不畅、协调不足的问题。即使是对封关运作筹备工作，各级政府部门也仍体现出较强的各自为政特点，缺乏有效的协同合作。二是与国际典型自由贸易港相比，海南在企业自由制度建设方面仍存在明显差距。海南自由贸易港采用政府主导型治理模式，在企业监督管理方面尚未建立起完善的事中、事后监管制度，与国际先进水平还有一定距离。即使不考虑投资自由化水平有待进一步提升的问题，仅从海南自由贸易港已开放的投资领域来看，要真正实现"既准入又准营"的目标，边境内的制度性成本还需进一步降低。制度性成本的产生，主要有两方面原因。一方面，制度变革的深度和广度不足，相关配套制度尚未建立健全。海南自由贸易港的制度创新成果多集中于流程优化层面，而基础性的制度变革相对欠缺，致使部分领域未能实现彻底放开，制度性障碍依然存在。另一方面，部分政策在落实执行过程中力度不够。这既包括基层行政人员对自由贸易港政策理解不透彻的情况，也涉及部分干部未能准确把握改革中的风险与责任。此外，在政企关系方面，由于受到过去部分负面案例的影响，存在企业对政府承诺信心不足等问题，影响了企业与政府开展项目合作的动力，不利于激发市场活力。

第9章 推动海南自由贸易港封关运作后高质量发展的政策着力点

9.1 加快推动法治化制度集成创新，为自由贸易港高质量发展保驾护航

完善的法治制度是自由贸易港封关运作后推动制度创新继续前行的根本保障。《总体方案》提出："建立以海南自由贸易港法为基础，以地方性法规和商事纠纷解决机制为重要组成的自由贸易港法治体系，营造国际一流的自由贸易港法治环境。"自由贸易港作为"境内关外"海关特殊监管区和开放水平最高的特殊经济功能区，海南自由贸易港政策制度体系建设涉及诸多重大改革，其核心建设任务往往涉及国家事权，需要突破上位法的相关规定，通过法律形式构建起自由贸易港制度的"四梁八柱"，推动海南自由贸易港的制度创新在法治框架下顺利展开。建设中国特色自由贸易港要在"于法有据"的重要前提之下推进展开，实现"立法与改革相衔接"，确保改革在法治的轨道上不断推进。

第一，应加快建立和完善地方性法律法规，实现细化操作型地方立法的充分供给。国际典型自由贸易港之所以能够打造全球领先的营商环境，法治制度建设是根本性的保障。因此，应充分利用地方立法权限，加快各类商事法律法规立法工作的全面展开。《海南自由贸易港公平竞争条例》和《海南自由贸易港反消费欺诈规定》为海南自由贸易港地方性立法打造了良好的开端，是全国范围首次在公平竞争和反消费欺诈领域的专项立法探索，《海南自由贸易港企业破产程序条例》的出台填补了海南自由贸易港的破产立法空白，也为现行破产制度的完善提供了有益的探索。可以看出，海南自由贸易

港近几年加快了对重大改革领域的创制性立法，填补了许多重要商事法律在自由贸易港建设初期的空白。接下来，海南自由贸易港应加快推出已有法律条例的具体实施细则等各相关配套措施，明确封关运作后包括货物进出境管理制度在内的各项制度创新如何实现"一线"放开和"二线"管住，同时确保相关规定的宣传力度和公开透明，明确政府部门如何实施、保障及监管，以及企业或个人如何遵守、配合并享受到切实的便利而非增加过多合规负担。在法律法规细化、执法主体明确、责权边界清晰的基础上，还要实现执法与普法两手抓。一要强化监管能力和执法力度，加强对基层人员的业务能力和综合能力培训，包括对封关运作后即将出现的新业态、新模式存在的潜在违法风险认知培训，避免出现自由贸易港建设最初阶段海南地方基层部门不清楚应该如何推进的情况。二要强化监管普法宣传力度，构建多元化协同的普法宣传载体，从而在先形成行业、协会和市场自律的情况下逐步实现包括社会协同监管在内的现代化监管生态。

海南自由贸易港要在金融开放和数据流动领域加快相关立法工作，确保金融开放和数据流动在有法可依的情况下加强压力测试。一方面，海南自由贸易港亟须明确、调整有关金融方面的法律法规适用，如出台"海南自由贸易港金融条例"，完善相关金融制度和金融交易平台，完成《总体方案》《海南自由贸易港法》《海南自由贸易港外商投资准入特别管理措施（负面清单）（2020年版）》《海南自由贸易港跨境服务贸易特别管理措施（负面清单）（2021年版）》《关于金融支持海南全面深化改革开放的意见》《关于在有条件的自由贸易试验区和自由贸易港试点对接国际高标准　推进制度型开放若干措施的通知》的金融制度型开放目标或试点工作。海南自由贸易港应把握封关运作这一重要节点，争取中央金融监管机构的支持，加快推进多功能自由贸易账户、跨境资产管理试点、财资中心建设、离岸金融业务等重大金融开放政策的落地和升级，充分利用海南自由贸易港在资金"电子围网"管控下推动金融领域制度型开放的风险防控优势，发挥好金融领域制度型开放试验田的作用，打造金融开放的新高地，助力我国加快实现"建设金融强国"的发展目标。另一方面，海南自由贸易港亟须完善数据流动领域的相关制度供给，出台符合自由贸易港需求和特色的数据相关基本法律，健全数据的基础性制度，并调整已有法律法规嵌入适当的数据相关法律机制，既要规范数据隐私、数据安全与数据产权等问题，还要细化数据交易、数据共享等数据流通规则，从法律层面对数据确权和数据交易等问题给予充分的制度保障，逐步培育数据要素市场并促进数据要素市场化，实现《总体方案》提到的跨境数据安全有序流动这一目标，为未来适时打造离岸数据交易中心奠定基础。

第二，要强化自由贸易港制度集成创新。一方面，要争取加快相关上位法调法调规的进程。在涉及国家事权的改革推进上，加快相关上位法调法调规的方式。在通过制度创新探索推进相关上位法修订方面，上海自由贸易试验区已经取得了成功经验，海南自由贸易港建设应充分学习借鉴这一模式，争取从国家层面简化调法调规的工作程序，尽快满足自由贸易港相关改革所需的法律保障，尤其要制定过渡性安排为部分重点园区的先行先试提供过渡性法律依据和保障，以免错过自由贸易港早期建设的重要时间窗口。另一方面，要统筹用好一般地方性法规、经济特区法规和自由贸易港法规制定权，争取更大力度的立法授权。海南作为经济特区应充分利用立法变通权，为经济特区提供制度创新的动力。尽管立法变通权的合理性存在争议，但由于海南自由贸易港对标的是全球最高水平的开放形态，要做的是国内其他地区完全没做过的事情，对此应坚持解放思想的观念，对海南自由贸易港建设中行使立法变通权给予更多的包容，赋予海南享有更充分、更大权限的立法权。在自由贸易港封关运作初期阶段，需要中央事权的一揽子授权，应允许海南以功能为导向，立足自由贸易港实际，科学行使立法变通权，为自由贸易港创新发展创造制度空间。

推动立法层面的制度集成创新，重点要解决现阶段法律的滞后性与改革的紧迫性不相匹配的问题。例如，针对海南税收制度改革的法律法规尚未出台，尤其是在"简税制"方面关于销售税如何改革尚不明确，严重影响自由贸易港制度创新发展的整体进程。接下来，海南自由贸易港应继续推出符合自身定位的首创性专项立法，加快相关重大事项改革进度，推动形成更多制度集成创新，同时继续推进各个领域的"小切口"立法，为整个自由贸易港法律体系添砖加瓦。值得注意的是，仅仅重视"首创性""创新性"是不够的。以《海南自由贸易港公平竞争条例》为例，其在执法机构的设计上仍存在诸多有待细化明确的地方，条例中提到的"公平竞争议事协调机制"如何切实发挥作用，还需要从更为顶层的制度设计方面进行系统性谋划。

第三，海南还应推动司法体制的制度集成创新，建立与国际接轨的国际商事争端解决机制，早日成为国际商事争端解决"优选地"。在国际商事争端解决机制相关法律制度不断完善的情况下，推动司法体制的集成式创新，建立"先调解、再仲裁、后诉讼"的多元化商事纠纷解决机制，加快完成调解和仲裁这两大机制的早期探索实践，促进调解、仲裁与诉讼之间的机制对接，做好与内地司法程序和与其他主权国家或地区司法程序的合理衔接。

一是在诉讼方面加快完善海南自由贸易港的涉外法律法规体系。充分利用海南自由贸易港对上位法能够适当变通的优势，加快完善涉外法律法规，并体现对部分重要国际通行规则的重视，尤其加强对标我国已经加入或计划加入的多边经贸协定相关规则，以及兼顾世界银行等国际组织在诸如营商环境评估等方面的国际通行指标。对自由贸易港未来可能面临的新兴经济领域相关争议，若确实存在部分领域法律空白难以支撑的情况，可以适当将相关领域的国际软法纳入法律解释和适用的参照范畴，从而提升海南自由贸易港涉外审判的国际化和专业化水平。与此同时，也要确保加强涉外立法相关的备案审查制度，即使是对法律空白领域的变通和调整，也应保证其与我国法律基本规则和方向的一致性。

二是在仲裁方面加快完善海南自由贸易港国际商事仲裁国际化发展的配套保障制度。要加快相关配套制度的完善，在仲裁地的选择、仲裁员的选择和披露程序、仲裁程序的适用、线上仲裁的开展，以及海南自由贸易港内仲裁机构与国际仲裁机构的合作机制等诸多方面进行细化和明确。既要实现允许当事人基于意思自治通过仲裁协议，也要确保探索过程中的机制灵活性从而降低程序成本，以临时仲裁机制探索为重要抓手，真正提高海南自由贸易港仲裁机制的国际化和专业化水平，从而充分体现海南自由贸易港仲裁制度的公信力。

三是在调解方面积极与其他地区商事调解机构建立合作机制。《海南自由贸易港商事调解规定》于 2025 年 3 月 1 日正式实施，该规定强调了"调解优先"导向，然而海南自由贸易港在处理国际商事纠纷方面过于缺乏经验，短期内即使设立了自由贸易港专业化商事调解组织，对市场主体而言依然缺乏足够的吸引力。因此，海南应以加快与境外知名商事调解机构建立合作机制为重点，既然《海南自由贸易港商事调解规定》已经明确允许境外商事调解机构在遵循中国法律法规的前提下，可以在海南自行设立业务机构，那么相关配套制度就应明确境外商事调解机构在海南进行调解业务的合法合规边界，使这一合作机制能够真正发挥应有的作用，填补自由贸易港建设前期商事调解能力的不足。与此同时，建立健全海南自由贸易港内部的专业化商事调解机构，不断吸取国际商事调解的经验，未来打造属于海南自由贸易港自身的国际商事调解品牌。

此外，为确保海南自由贸易港未来能够提供高质量的法律服务，要加快打造自由贸易港涉外法律服务人才队伍。既要培养新时代的法律人才，如在高校重点培育兼具法律知识和外语能力的青年法律人才，也要对现有的法律人才进行培训，尤其是支持国内法律人才进行"出海"实践交流，还要引进国内外涉外法律服务人才，快速提升自由贸易港的涉外法律服务水平。

9.2 发挥特色优势走好差异化道路，加快主导产业进一步聚焦发展

海南自由贸易港未来在产业发展方面必须坚持走差异化发展道路，这是由两大方面因素所决定的。一方面，从战略定位和主导产业选择来看，海南自由贸易港的发展路径既不同于国内其他发达沿海地区，也区别于国际典型自由贸易港，顶层设计已经为海南自由贸易港指明了一条错位竞争的道路。另一方面，由于经济发展水平相对落后，现代化产业体系的建设目标对海南而言属于跨越式发展，而跨越式发展必然面临着许多现实困难，短期内难以快速形成足够的竞争力。必须认识清楚并充分发挥海南自身的特色优势，走好属于海南的差异化发展道路。如果说经济发展水平和产业发展基础是海南的短板，那么与内地紧密的经济联系和被赋予的诸多高水平开放政策则是海南最具特色的差异化优势。前者是其他国际典型自由贸易港所不具备的特色优势，后者是国内其他发达沿海地区不具备的特色优势。因此海南自由贸

港必须加强与内地产业间的深度互动，同时利用好自身被赋予的政策优势，逐步建成自由贸易港特色产业体系。就短期而言，海南发展现代产业体系必须深度嵌入粤港澳大湾区产业链。现阶段海南不应以建立完整产业链条为发展目标，而要先加强与内地市场的经济联系，尤其是建立与粤港澳大湾区产业之间的互动。通过充分发挥自身政策优势，吸引大湾区产业集群来海南进行生产环节和模块布局，承接产业转移、科技成果转化，开发新产品或实现最终的产品应用。例如，先进制造业从产业链部分环节做起，在与内地经济密切联系的前提下，逐步推动先进制造业产业集聚。海南自由贸易港的产业在坚持差异化发展的基础上，还要注意不要一蹴而就，不要贪多求全，尤其在后续四大主导产业的规划中，应充分利用已有资源解决产业发展堵点问题，同时进一步强化聚焦发展。

首先，海南旅游业亟须摆脱传统发展路径，加快提升附加值。海南应加快旅游业和其他产业的融合发展，包括促进旅游业与医疗、康养、海洋、航天、教育等产业深度融合，发展特色主题旅游新业态。其中最值得一提的就是旅游业和医疗相结合的医疗旅游业。医疗旅游业涵盖了自由贸易港两大主导产业，有望成为海南独具特色的竞争优势。其发展对引领我国医疗卫生健康事业的高质量发展具有重要意义。海南医疗旅游业的发展主要集中在博鳌乐城国际医疗旅游先行区（以下简称乐城先行区），可以说乐城先行区的发展直接决定了未来海南自由贸易港医疗旅游业能够实现的繁荣程度，但乐城先行区的发展仍存在一些问题。乐城先行区曾经错失过一次包括推动干细胞治疗在内的先行发展机遇，导致在政策方面的优势有所削弱，今后应继续争取在医疗领域获得更多突破性开放试点政策，稳步推进更多前沿医疗技术的应用和转移转化落地，切实利用好自由贸易港的特殊开放平台，大幅提升海南在医疗旅游业的吸引力。

其次，现代服务业中的医疗健康产业、会展业、现代金融服务业和现代物流业，应重点突破医疗健康产业和现代金融服务业发展存在的堵点。其中，医疗健康产业是推进海南旅游业未来融合发展的一大抓手，但是现阶段服务业制度型开放的系统集成建设不足，对海南自由贸易港医疗旅游业的发展造成了较为明显的阻碍。医疗旅游服务本身涉及服务贸易自由化，药械使用涉及货物贸易自由化，外资办医涉及投资准入自由化，除了自由化之外，各个环节的便利化程度同样决定着服务的实际可及性。因此，应针对医疗产业争取更大开放程度的制度集成创新，做好压力测试，与其他制度创新同步展开，实现服务贸易自由化水平的显著提升。现代金融服务业要坚持以服务实体经济为先，逐步实现更高水平的金融开放。在金融开放制度建设方面，海南自由贸易港接下来应重点满足三方面的功能。一是贸易结算需求。国内现有的跨境贸易结算体系不足以支撑海南自由贸易港未来的离岸贸易需求，自由贸易账户的功能需继续拓展。二是跨境融资需求。要加强新型的金融基础设施建设，结合海南自由贸易港的贸易融资环境，提供一个更加开放的跨境投融资安排，先允许一些企业能够在境外以发行股票和债券的形式获得融资，再逐步扩大到未来企业可以直接从国际金融机构等融资提供方获得融资。三是资金管理需求。通过加快金融改革创新，打造种类丰富的金融产品和工具，为沉淀在岛内的资金提供一个完善的市场生态环境。

再次，高新技术产业应以实体经济为重点，引进发展先进制造业。高新技术产业是海南自由贸易港现代产业体系的重要组成部分，是海南自由贸易港四大主导产业中最需要聚焦发展的一个。在发展高新技术产业方面海南不应贪多求全，建议重点引进扶持能够充分发挥海南优势且具有较强战略性的产业，如海工装备、航天航空、邮轮游艇等高端装备制造业。由于享有自由贸易港特殊政策和自身独特区位优势，海南在部署和服务南海资源开发、推进我国航天事业发展、打造亚洲最大国际邮轮母港和国际航空区域门户枢纽等方面具有全国其他地区无法复制的特色优势，因此，要用好上述特色优势为海南争取到发展这些产业的特殊优惠政策，得到更多国家层面的支持力度。在起步阶段，应以配合相关维修业态需要为重点，依托现有产业园区，借助与粤港澳大湾区等地的外部合作，先引进并建立起该产业链条中的相关生产环节，同时根据高技术产业发展的布局，加强产业生态、服务生态和创新生态建设，之后逐步延长产业链条，在更多产业链条环节形成核心竞争力，最终形成较为成熟的产业集群。此外，还应加快推进海南现有制造业中规模相对较大的石化工业和医药制造两大产业的转型升级。其中，针对石化工业，审慎推进生产规模的单纯扩张，全面提升行业绿色安全发展水平，严防生产安全事故，鼓励建立和引进研发机构，加快推进炼化产业高端技术体系建设，由传统炼油、化工生产向洁净能源、新材料生产转型升级。针对医药制造，鼓励药企充分利用自由贸易港和先行区优惠政策，在严格把控"三废"治理的基础上，大力发展高端化学药、生物制药、现代中药，推进品牌建设，培育龙头企业，形成制药产业集群发展。

最后，热带特色高效农业作为长期以来海南经济发展的重要基础，在海南建设自由贸易港现代产业体系的过程中不容忽视，应针对其在战略规划、科技创新和配套保障三个方面存在的不足进行针对性的改进，有效提升本地热带特色高效农业的产业竞争力。在战略规划方面，政府层面应自上而下做好热带特色高效农业的战略性、系统性规划设计，坚持规划先行，做好顶层设计，通过政策引导实现相对龙头的企业与专业合作社在产业发展中的引领作用，进行规模化生产形成产业集聚效应，同时帮助建立包含种养、加工、储运、外销各个环节的现代化完整产业链条，实现整体产业的高质量发展，逐步形成产业竞争力和品牌效应。在科技创新方面，加快传统农业的升级改造，充分利用海南育种基地的独特优势，加强新品种的本地化培育，同时大力提升农产品加工环节的附加值，发展精深加工业。在配套保障方面，在政府统筹规划布局的同时保证产业发展所需的基础设施建设和配套服务保障，对地方特色农业给予一定的支持保护，加强对优质农产品的对外推介宣传力度。

此外，针对海南人才积累和技术创新不足的问题，既要加强高端人才外部引进和专业人才本地化培养，又要在进一步加强研发投入强度的基础上提升研发成果与产业需求之间的匹配度。

在人才建设方面，应多措并举将海南自由贸易港打造成为人才集聚高地。在短期内，海南自由贸易港仍需依赖大力引进外部高端人才的方式，弥补自由贸易港建设初期在人才积累方面的短板。一方面要建立更加开放的人才引进机制，制定完善的高层次人才引进计划和实行有管理的工作签证制度。《总体方案》提出了"完善国际人才评价机制"和"对外籍人员赴海南自由贸易港的工作许可实行负面清单管理"等要求，现阶段海南已经初步明确能够享受个人所得税优惠政策的高端人才和紧缺人才具体范围。接下来，应进一步放宽创业执业条件，完善专业技术人才资格互认，根据外籍人才的薪酬水平和工作类型，可借鉴新加坡发放多层次多种类工作签证的做法，不断完善海南人才评价与管理制度，实行有管理的工作签证制度。另一方面还要建立健全人才服务管理制度，让人才既能"引得进"，也能"留得住"和"用得好"。海南应借鉴香港和新加坡的做法，不断完善人才服务平台的功能，打造好"四个一"人才服务机制，解决人才的后顾之忧，为人才提供全方位人才服务保障。长期则需加强专业人才的本地化培养。从《海南自由贸易港享受个人所得税优惠政策高端紧缺人才清单管理暂行办法》中公布的紧缺人才行业需求目录可以看出，旅游业、现代服务业、高新技术产业和热带特色高效农业这四大产业所紧缺的人才被列在最重要的位置，随着这些产业的不断发展壮大，人才需求也会加大，因此，应针对自由贸易港四大主导产业未来发展急需的专业化人才进行本地化培养，加强普通高等院校、职业院校的对口专业建设力度，对相关专业的培养方案进行针对性调整和优化，持续提升专业师资队伍力量，全面提升海南自由贸易港人才建设的高质量发展及与产业发展的匹配度。

在技术创新方面，海南应重点关注对研发投入的方向性引导。海南经济发展起步较晚，整体经济发展基础较为薄弱，导致在研发投入上捉襟见肘。尽管海南研发经费投入已实现了很高的增速，但从绝对水平来看，与很多省份仍存在不小差距。因此，针对海南现阶段并不宽裕的研发投入经费总量，政府应对相关研发活动进行适当引导，在对高新技术产业进一步聚焦的基础上，将研发经费更多地投入急需的关键创新领域。与此同时，政府在引导时应着重避免政策性套利行为、恶性竞争和同质化竞争，既要实现海南内部的各区域错位发展，也要与内地其他地区形成错位发展，避免有限资源的不必要浪费。

9.3　着力推进综合配套保障补短板，加快实现政府治理能力现代化

首先，海南应进一步强化硬件配套建设，尤其是加快推进产业配套基础设施布局和建设，为各类产业发展提供坚实保障。

一是要加快探索琼州海峡跨海通道建设的落地实施。通过强化海南对外交通通道，有效解决海南岛内生产资料和生活资料的物流成本居高不下的问

题，这对保障海南现代产业体系的健康发展至关重要。海南必须与粤港澳大湾区实现深度产业联动发展，以助力海南尽快构建自由贸易港所需的现代产业体系。琼州海峡跨海通道的落地是加快实现上述产业联动发展的关键。

二是要着力提升岛内能源供给能力。在构建现代产业体系的过程中，海南自由贸易港的能源需求将持续攀升，因此必须要有相应的能源供给能力。在"碳达峰、碳中和"的大背景下，海南既要保障经济的快速发展，又要严格控制碳排放，面临着双重挑战。因此，海南应提前谋划，积极布局，在加快完善岛内能源消费和碳排放统计监测体系的基础上，明确产业发展的低碳化政策导向，加大产业节能技术研发创新的支持，同时更多地开发利用可再生能源，以满足未来现代产业体系对电力、热力供应的不断增长需求，确保在可持续发展的轨道上稳健前行。

三是要加快港城融合一体化进程。海南自由贸易港可率先从重点园区内部及其周边配套建设着手，逐步推动全岛港、产、城的协同发展。应着重加强产业园区周边的居住、商业、医疗和教育等配套基础设施建设，优先完善居住和商业配套，待形成一定基础后，再逐步引入医疗和教育配套，全方位提升产业园区及其周边的宜居性，增强人才到海南后的便利度和满意度。此外，作为国家生态文明试验区，海南在推进港城融合发展的过程中，还应高度重视生态环境保护，建立健全相应的保障机制，确保发展与生态相得益彰。

其次，海南应全力提升政务环境与营商环境这两大软实力。

一是要打造高效便利的政务环境。从国际经验来看，香港、新加坡和迪拜等国际典型自由贸易港虽运营管理模式各异，但都具有显著的"治理"特征，管理结构高度扁平化，政府对区内企业经营尽量"少管"甚至"不管"，形成了高度市场化的企业自主管理制度，并通过充分授权和放权，实现自由贸易港"区内事区内办"。因此，海南自由贸易港也应加快从"管理"向"治理"转变，重点推进管理结构扁平化。在"深化政府机构改革"的基础上，进一步"推动政府职能转变"。为避免部门调整过频，应提前研判与自由贸易港建设短期到中期相适应的管理体制，再进行针对性的部门调整合并，减少管理结构的纵向层级。在明确精简后各部门的专业化职能基础上，持续升级海南电子政务服务平台，整合优化业务功能，加强数字政府建设，促进部门间数据有序共享，打破公共数据流通使用的体制性障碍。应持续学习借鉴国际典型自由贸易港的管理体制，推动管理体制的系统集成创新，既要探索法定机构管理创新，打造类似于国外自由贸易港管理局所采取的管理模式，也要探索管理体制机制转型，进行企业化运营管理创新，充分发挥市场化的效率提升作用。

　　二是要创新企业经营环境。要真正实现基础性制度的集成创新，关键在于建立健全以信用监管为核心的事中、事后监管体系。具体而言，应在企业进入、经营和退出的各个环节逐步推行企业法人承诺制，显著减少市场主体登记的前置许可事项。与此同时，需强化事中、事后监管，创新信用查验监管方式，并完善社会信用评价体系，以有效降低自由贸易港边境内的制度性成本。可以借鉴香港和新加坡的成功经验，充分发挥工商团体的行业自律作用，并引入第三方信用评级机构等专业力量，提升监管的专业性和有效性。在此基础上，持续推动政府职能从管理型向服务型转变，提升营商环境市场化水平，逐步给予企业更多的自主管理空间。在处理政企关系时，政府不仅要扮演好监管者和服务者的角色，还应强化自我监督机制。具体措施包括强化竞争政策的基础地位，完善公平竞争审查制度，健全市场体系的基础制度，加强知识产权等各类产权的保护。在确保公平竞争的前提下，创新建立政府政策承诺诚信制度，确保自由贸易港优惠政策的有效落实，推动招商引资等重点领域的政务诚信建设，建立项目责任回溯机制，形成政策承诺落实的硬约束。通过实施上述综合措施，营造一个更加公平、透明、高效的企业经营环境，助力海南自由贸易港高质量发展。

附录 1

海南自由贸易港建设总体方案

海南是我国最大的经济特区，具有实施全面深化改革和试验最高水平开放政策的独特优势。支持海南逐步探索、稳步推进中国特色自由贸易港建设，分步骤、分阶段建立自由贸易港政策和制度体系，是习近平总书记亲自谋划、亲自部署、亲自推动的改革开放重大举措，是党中央着眼国内国际两个大局，深入研究、统筹考虑、科学谋划作出的战略决策。当今世界正在经历新一轮大发展大变革大调整，保护主义、单边主义抬头，经济全球化遭遇更大的逆风和回头浪。在海南建设自由贸易港，是推进高水平开放，建立开放型经济新体制的根本要求；是深化市场化改革，打造法治化、国际化、便利化营商环境的迫切需要；是贯彻新发展理念，推动高质量发展，建设现代化经济体系的战略选择；是支持经济全球化，构建人类命运共同体的实际行动。为深入贯彻习近平总书记在庆祝海南建省办经济特区 30 周年大会上的重要讲话精神，落实《中共中央 国务院关于支持海南全面深化改革开放的指导意见》要求，加快建设高水平的中国特色自由贸易港，制定本方案。

一、总体要求

（一）指导思想。以习近平新时代中国特色社会主义思想为指导，全面贯彻党的十九大和十九届二中、三中、四中全会精神，坚持党的全面领导，坚持稳中求进工作总基调，坚持新发展理念，坚持高质量发展，统筹推进"五位一体"总体布局，协调推进"四个全面"战略布局，对标国际高水平经贸规则，解放思想、大胆创新，聚焦贸易投资自由化便利化，建立与高水平自由贸易港相适应的政策制度体系，建设具有国际竞争力和影响力的海关监管特殊区域，将海南自由贸易港打造成为引领我国新时代对外开放的鲜明旗帜和重要开放门户。

(二) 基本原则

——借鉴国际经验。坚持高起点谋划、高标准建设，主动适应国际经贸规则重构新趋势，充分学习借鉴国际自由贸易港的先进经营方式、管理方法和制度安排，形成具有国际竞争力的开放政策和制度，加快建立开放型经济新体制，增强区域辐射带动作用，打造我国深度融入全球经济体系的前沿地带。

——体现中国特色。坚持党的集中统一领导，坚持中国特色社会主义道路，坚持以人民为中心，践行社会主义核心价值观，确保海南自由贸易港建设正确方向。充分发挥全国上下一盘棋和集中力量办大事的制度优势，调动各方面积极性和创造性，集聚全球优质生产要素，着力在推动制度创新、培育增长动能、构建全面开放新格局等方面取得新突破，为实现国家战略目标提供坚实支撑。加强与东南亚国家交流合作，促进与粤港澳大湾区联动发展。

——符合海南定位。紧紧围绕国家赋予海南建设全面深化改革开放试验区、国家生态文明试验区、国际旅游消费中心和国家重大战略服务保障区的战略定位，充分发挥海南自然资源丰富、地理区位独特以及背靠超大规模国内市场和腹地经济等优势，抢抓全球新一轮科技革命和产业变革重要机遇，聚焦发展旅游业、现代服务业和高新技术产业，加快培育具有海南特色的合作竞争新优势。

——突出改革创新。强化改革创新意识，赋予海南更大改革自主权，支持海南全方位大力度推进改革创新，积极探索建立适应自由贸易港建设的更加灵活高效的法律法规、监管模式和管理体制，下大力气破除阻碍生产要素流动的体制机制障碍。深入推进商品和要素流动型开放，加快推动规则等制度型开放，以高水平开放带动改革全面深化。加强改革系统集成，注重协调推进，使各方面创新举措相互配合、相得益彰，提高改革创新的整体效益。

——坚持底线思维。坚持稳扎稳打、步步为营，统筹安排好开放节奏和进度，成熟一项推出一项，不急于求成、急功近利。深入推进简政放权、放管结合、优化服务，全面推行准入便利、依法过程监管的制度体系，建立与国际接轨的监管标准和规范制度。加强重大风险识别和系统性风险防范，建立健全风险防控配套措施。完善重大疫情防控体制机制，健全公共卫生应急管理体系。开展常态化评估工作，及时纠偏纠错，确保海南自由贸易港建设方向正确、健康发展。

（三）发展目标

到 2025 年，初步建立以贸易自由便利和投资自由便利为重点的自由贸易港政策制度体系。营商环境总体达到国内一流水平，市场主体大幅增长，产业竞争力显著提升，风险防控有力有效，适应自由贸易港建设的法律法规逐步完善，经济发展质量和效益明显改善。

到 2035 年，自由贸易港制度体系和运作模式更加成熟，以自由、公平、法治、高水平过程监管为特征的贸易投资规则基本构建，实现贸易自由便利、投资自由便利、跨境资金流动自由便利、人员进出自由便利、运输来往自由便利和数据安全有序流动。营商环境更加优化，法律法规体系更加健全，风险防控体系更加严密，现代社会治理格局基本形成，成为我国开放型经济新高地。

到本世纪中叶，全面建成具有较强国际影响力的高水平自由贸易港。

（四）实施范围。海南自由贸易港的实施范围为海南岛全岛。

二、制度设计

以贸易投资自由化便利化为重点，以各类生产要素跨境自由有序安全便捷流动和现代产业体系为支撑，以特殊的税收制度安排、高效的社会治理体系和完备的法治体系为保障，在明确分工和机制措施、守住不发生系统性风险底线的前提下，构建海南自由贸易港政策制度体系。

（一）贸易自由便利。在实现有效监管的前提下，建设全岛封关运作的海关监管特殊区域。对货物贸易，实行以"零关税"为基本特征的自由化便利化制度安排。对服务贸易，实行以"既准入又准营"为基本特征的自由化便利化政策举措。

1."一线"放开。在海南自由贸易港与中华人民共和国关境外其他国家和地区之间设立"一线"。"一线"进（出）境环节强化安全准入（出）监管，加强口岸公共卫生安全、国门生物安全、食品安全、产品质量安全管控。在确保履行我国缔结或参加的国际条约所规定义务的前提下，制定海南自由贸易港禁止、限制进出口的货物、物品清单，清单外货物、物品自由进出，海关依法进行监管。制定海南自由贸易港进口征税商品目录，目录外货物进入自由贸易港免征进口关税。以联运提单付运的转运货物不征税、不检验。从海南自由贸易港离境的货物、物品按出口管理。实行便捷高效的海关监管，建设高标准国际贸易"单一窗口"。

2."二线"管住。在海南自由贸易港与中华人民共和国关境内的其他地区（以下简称内地）之间设立"二线"。货物从海南自由贸易港进入内地，原则上按进口规定办理相关手续，照章征收关税和进口环节税。对鼓励类产业企业生产的不含进口料件或者含进口料件在海南自由贸易港加工增值超过30%（含）的货物，经"二线"进入内地免征进口关税，照章征收进口环节增值税、消费税。行邮物品由海南自由贸易港进入内地，按规定进行监管，照章征税。对海南自由贸易港前往内地的运输工具，简化进口管理。货物、物品及运输工具由内地进入海南自由贸易港，按国内流通规定管理。内地货物经海南自由贸易港中转再运往内地无需办理报关手续，应在自由贸易港内海关监管作业场所（场地）装卸，与其他海关监管货物分开存放，并设立明显标识。场所经营企业应根据海关监管需要，向海关传输货物进出场所等信息。

3.岛内自由。海关对海南自由贸易港内企业及机构实施低干预、高效能的精准监管，实现自由贸易港内企业自由生产经营。由境外启运，经海南自由贸易港换装、分拣集拼，再运往其他国家或地区的中转货物，简化办理海关手续。货物在海南自由贸易港内不设存储期限，可自由选择存放地点。实施"零关税"的货物，海关免于实施常规监管。

4.推进服务贸易自由便利。实施跨境服务贸易负面清单制度，破除跨境交付、境外消费、自然人移动等服务贸易模式下存在的各种壁垒，给予境外服务提供者国民待遇。实施与跨境服务贸易配套的资金支付与转移制度。在告知、资格要求、技术标准、透明度、监管一致性等方面，进一步规范影响服务贸易自由便利的国内规制。

（二）投资自由便利。大幅放宽海南自由贸易港市场准入，强化产权保护，保障公平竞争，打造公开、透明、可预期的投资环境，进一步激发各类市场主体活力。

5.实施市场准入承诺即入制。严格落实"非禁即入"，在"管得住"的前提下，对具有强制性标准的领域，原则上取消许可和审批，建立健全备案制度，市场主体承诺符合相关要求并提交相关材料进行备案，即可开展投资经营活动。备案受理机构从收到备案时起，即开始承担审查责任。对外商投资实施准入前国民待遇加负面清单管理制度，大幅减少禁止和限制条款。

6. 创新完善投资自由制度。实行以过程监管为重点的投资便利制度。建立以电子证照为主的设立便利，以"有事必应""无事不扰"为主的经营便利，以公告承诺和优化程序为主的注销便利，以尽职履责为主的破产便利等政策制度。

7. 建立健全公平竞争制度。强化竞争政策的基础性地位，确保各类所有制市场主体在要素获取、标准制定、准入许可、经营运营、优惠政策等方面享受平等待遇。政府采购对内外资企业一视同仁。加强和优化反垄断执法，打破行政性垄断，防止市场垄断，维护公平竞争市场秩序。

8. 完善产权保护制度。依法保护私人和法人财产的取得、使用、处置和继承的权利，以及依法征收私人和法人财产时被征收财产所有人得到补偿的权利。落实公司法等法律法规，加强对中小投资者的保护。加大知识产权侵权惩罚力度，建立健全知识产权领域市场主体信用分类监管、失信惩戒等机制。加强区块链技术在知识产权交易、存证等方面应用，探索适合自由贸易港发展的新模式。

（三）跨境资金流动自由便利。坚持金融服务实体经济，重点围绕贸易投资自由化便利化，分阶段开放资本项目，有序推进海南自由贸易港与境外资金自由便利流动。

9. 构建多功能自由贸易账户体系。以国内现有本外币账户和自由贸易账户为基础，构建海南金融对外开放基础平台。通过金融账户隔离，建立资金"电子围网"，为海南自由贸易港与境外实现跨境资金自由便利流动提供基础条件。

10. 便利跨境贸易投资资金流动。进一步推动跨境货物贸易、服务贸易和新型国际贸易结算便利化，实现银行真实性审核从事前审查转为事后核查。在跨境直接投资交易环节，按照准入前国民待遇加负面清单模式简化管理，提高兑换环节登记和兑换的便利性，探索适应市场需求新形态的跨境投资管理。在跨境融资领域，探索建立新的外债管理体制，试点合并交易环节外债管理框架，完善企业发行外债备案登记制管理，全面实施全口径跨境融资宏观审慎管理，稳步扩大跨境资产转让范围，提升外债资金汇兑便利化水平。在跨境证券投融资领域，重点服务实体经济投融资需求，扶持海南具有特色和比较优势的产业发展，并在境外上市、发债等方面给予优先支持，简化汇兑管理。

11. 扩大金融业对内对外开放。率先在海南自由贸易港落实金融业扩大开放政策。支持建设国际能源、航运、产权、股权等交易场所。加快发展结算中心。

12. 加快金融改革创新。支持住房租赁金融业务创新和规范发展，支持发展房地产投资信托基金（REITs）。稳步拓宽多种形式的产业融资渠道，放宽外资企业资本金使用范围。创新科技金融政策、产品和工具。

（四）人员进出自由便利。根据海南自由贸易港发展需要，针对高端产业人才，实行更加开放的人才和停居留政策，打造人才集聚高地。在有效防控涉外安全风险隐患的前提下，实行更加便利的出入境管理政策。

13. 对外籍高层次人才投资创业、讲学交流、经贸活动方面提供出入境便利。完善国际人才评价机制，以薪酬水平为主要指标评估人力资源类别，建立市场导向的人才机制。对外籍人员赴海南自由贸易港的工作许可实行负面清单管理，放宽外籍专业技术技能人员停居留政策。允许符合条件的境外人员担任海南自由贸易港内法定机构、事业单位、国有企业的法定代表人。实行宽松的商务人员临时出入境政策。

14. 建立健全人才服务管理制度。实现工作许可、签证与居留信息共享和联审联检。推进建立人才服务中心，提供工作就业、教育生活服务，保障其合法权益。

15. 实施更加便利的出入境管理政策。逐步实施更大范围适用免签入境政策，逐步延长免签停留时间。优化出入境边防检查管理，为商务人员、邮轮游艇提供出入境通关便利。

（五）运输来往自由便利。实施高度自由便利开放的运输政策，推动建设西部陆海新通道国际航运枢纽和航空枢纽，加快构建现代综合交通运输体系。

16. 建立更加自由开放的航运制度。建设"中国洋浦港"船籍港。支持海南自由贸易港开展船舶登记。研究建立海南自由贸易港航运经营管理体制及海员管理制度。进一步放宽空域管制与航路航权限制，优化航运路线，鼓励增加运力投放，增开航线航班。

17. 提升运输便利化和服务保障水平。推进船舶联合登临检查。构建高效、便捷、优质的船旗国特殊监管政策。为船舶和飞机融资提供更加优质高效的金融服务，取消船舶和飞机境外融资限制，探索以保险方式取代保证金。加强内地与海南自由贸易港间运输、通关便利化相关设施设备建设，合理配备人员，提升运输来往自由便利水平。

（六）数据安全有序流动。在确保数据流动安全可控的前提下，扩大数据领域开放，创新安全制度设计，实现数据充分汇聚，培育发展数字经济。

18. 有序扩大通信资源和业务开放。开放增值电信业务，逐步取消外资股比等限制。允许实体注册、服务设施在海南自由贸易港内的企业，面向自由贸易港全域及国际开展在线数据处理与交易处理等业务，并在安全可控的前提下逐步面向全国开展业务。安全有序开放基础电信业务。开展国际互联网数据交互试点，建设国际海底光缆及登陆点，设立国际通信出入口局。

（七）现代产业体系。大力发展旅游业、现代服务业和高新技术产业，不断夯实实体经济基础，增强产业竞争力。

19. 旅游业。坚持生态优先、绿色发展，围绕国际旅游消费中心建设，推动旅游与文化体育、健康医疗、养老养生等深度融合，提升博鳌乐城国际医疗旅游先行区发展水平，支持建设文化旅游产业园，发展特色旅游产业集群，培育旅游新业态新模式，创建全域旅游示范省。加快三亚向国际邮轮母港发展，支持建设邮轮旅游试验区，吸引国际邮轮注册。设立游艇产业改革发展创新试验区。支持创建国家级旅游度假区和5A级景区。

20. 现代服务业。集聚全球创新要素，深化对内对外开放，吸引跨国公司设立区域总部。创新港口管理体制机制，推动港口资源整合，拓展航运服务产业链，推动保税仓储、国际物流配送、转口贸易、大宗商品贸易、进口商品展销、流通加工、集装箱拆拼箱等业务发展，提高全球供应链服务管理能力，打造国际航运枢纽，推动港口、产业、城市融合发展。建设海南国际设计岛、理工农医类国际教育创新岛、区域性国际会展中心，扩大专业服务业对外开放。完善海洋服务基础设施，积极发展海洋物流、海洋旅游、海洋信息服务、海洋工程咨询、涉海金融、涉海商务等，构建具有国际竞争力的海洋服务体系。建设国家对外文化贸易基地。

21. 高新技术产业。聚焦平台载体，提升产业能级，以物联网、人工智能、区块链、数字贸易等为重点发展信息产业。依托文昌国际航天城、三亚深海科技城，布局建设重大科技基础设施和平台，培育深海深空产业。围绕生态环保、生物医药、新能源汽车、智能汽车等壮大先进制造业。发挥国家南繁科研育种基地优势，建设全球热带农业中心和全球动植物种质资源引进中转基地。建设智慧海南。

（八）税收制度。按照零关税、低税率、简税制、强法治、分阶段的原则，逐步建立与高水平自由贸易港相适应的税收制度。

22. 零关税。全岛封关运作前，对部分进口商品，免征进口关税、进口环节增值税和消费税。全岛封关运作、简并税制后，对进口征税商品目录以外、允许海南自由贸易港进口的商品，免征进口关税。

23. 低税率。对在海南自由贸易港实质经营的企业，实行企业所得税优惠税率。对符合条件的个人，实行个人所得税优惠税率。

24. 简税制。结合我国税制改革方向，探索推进简化税制。改革税种制度，降低间接税比例，实现税种结构简单科学、税制要素充分优化、税负水平明显降低、收入归属清晰、财政收支大体均衡。

25. 强法治。税收管理部门按实质经济活动所在地和价值创造地原则对纳税行为进行评估和预警，制定简明易行的实质经营地、所在地居住判定标准，强化对偷漏税风险的识别，防范税基侵蚀和利润转移，避免成为"避税天堂"。积极参与国际税收征管合作，加强涉税情报信息共享。加强税务领域信用分类服务和管理，依法依规对违法失信企业和个人采取相应措施。

26. 分阶段。按照海南自由贸易港建设的不同阶段，分步骤实施零关税、低税率、简税制的安排，最终形成具有国际竞争力的税收制度。

（九）社会治理。着力推进政府机构改革和政府职能转变，鼓励区块链等技术集成应用于治理体系和治理能力现代化，构建系统完备、科学规范、运行有效的自由贸易港治理体系。

27. 深化政府机构改革。进一步推动海南大部门制改革，整合分散在各部门相近或相似的功能职责，推动职能相近部门合并。控制行政综合类公务员比例，行政人员编制向监管部门倾斜，推行市场化的专业人员聘任制。

28. 推动政府职能转变。强化监管立法和执法，加强社会信用体系应用，深化"双随机、一公开"的市场监管体制，坚持对新兴业态实行包容审慎监管。充分发挥"互联网+"、大数据、区块链等现代信息技术作用，通过政务服务等平台建设规范政府服务标准、实现政务流程再造和政务服务"一网通办"，加强数据有序共享，提升政府服务和治理水平。政府作出的承诺须认真履行，对不能履行承诺或执行不到位而造成损失的，应及时予以赔偿或补偿。

29. 打造共建共治共享的社会治理格局。深化户籍制度改革，进一步放宽户口迁移政策，实行以公民身份号码为唯一标识、全岛统一的居住证制度。赋予行业组织更大自主权，发挥其在市场秩序维护、标准制定实施、行业纠纷调处中的重要作用。赋予社区更大的基层治理权限，加快社区服务与治理创新。

30. 创新生态文明体制机制。深入推进国家生态文明试验区（海南）建设，全面建立资源高效利用制度，健全自然资源产权制度和有偿使用制度。扎实推进国土空间规划体系建设，实行差别化的自然生态空间用途管制。健全自然保护地内自然资源资产特许经营权等制度，探索生态产品价值实现机制。建立热带雨林等国家公园，构建以国家公园为主体的自然保护地体系。探索建立政府主导、企业和社会参与、市场化运作、可持续的生态保护补偿机制。加快构建自然资源统一调查评价监测和确权登记制度。健全生态环境监测和评价制度。

（十）法治制度。建立以海南自由贸易港法为基础，以地方性法规和商事纠纷解决机制为重要组成的自由贸易港法治体系，营造国际一流的自由贸易港法治环境。

31. 制定实施海南自由贸易港法。以法律形式明确自由贸易港各项制度安排，为自由贸易港建设提供原则性、基础性的法治保障。

32. 制定经济特区法规。在遵循宪法规定和法律、行政法规基本原则前提下，支持海南充分行使经济特区立法权，立足自由贸易港建设实际，制定经济特区法规。

33. 建立多元化商事纠纷解决机制。完善国际商事纠纷案件集中审判机制，提供国际商事仲裁、国际商事调解等多种非诉讼纠纷解决方式。

（十一）风险防控体系。制定实施有效措施，有针对性防范化解贸易、投资、金融、数据流动、生态和公共卫生等领域重大风险。

34. 贸易风险防控。高标准建设开放口岸和"二线口岸"基础设施、监管设施，加大信息化系统建设和科技装备投入力度，实施智能精准监管，依托全岛"人流、物流、资金流"信息管理系统、社会管理监管系统、口岸监管系统"三道防线"，形成海南社会管理信息化平台，对非设关地实施全天候动态监控。加强特定区域监管，在未设立口岸查验机构的区域设立综合执法点，对载运工具、上下货物、物品实时监控和处理。海南自由贸易港与内地之间进出的货物、物品、人员、运输工具等均需从口岸进出。完善口岸监管设备设施的配置。海关负责口岸及其他海关监管区的监管和查缉走私工作。海南省政府负责全省反走私综合治理工作，对下级政府反走私综合治理工作进行考评。建立与广东省、广西壮族自治区等地的反走私联防联控机制。

35. 投资风险防控。完善与投资规则相适应的过程监管制度，严格落实备案受理机构的审查责任和备案主体的备案责任。明确加强过程监管的规则和标准，压实监管责任，依法对投资经营活动的全生命周期实施有效监管，对新技术、新产业、新业态、新模式实行包容审慎监管，对高风险行业和领域实行重点监管。建立健全法律责任制度，针对备案主体提供虚假备案信息、违法经营等行为，制定严厉的惩戒措施。实施好外商投资安全审查，在创造稳定、透明和可预期的投资环境同时，有效防范国家安全风险。

36. 金融风险防控。优化金融基础设施和金融法治环境，加强金融消费者权益保护，依托资金流信息监测管理系统，建立健全资金流动监测和风险防控体系。建立自由贸易港跨境资本流动宏观审慎管理体系，加强对重大风险的识别和系统性金融风险的防范。加强反洗钱、反恐怖融资和反逃税审查，研究建立洗钱风险评估机制，定期评估洗钱和恐怖融资风险。构建适应海南自由贸易港建设的金融监管协调机制。

37. 网络安全和数据安全风险防控。深入贯彻实施网络安全等级保护制度，重点保障关键信息基础设施和数据安全，健全网络安全保障体系，提升海南自由贸易港建设相关的网络安全保障能力和水平。建立健全数据出境安全管理制度体系。健全数据流动风险管控措施。

38. 公共卫生风险防控。加强公共卫生防控救治体系建设，建立传染病和突发公共卫生事件监测预警、应急响应平台和决策指挥系统，提高早期预防、风险研判和及时处置能力。加强疾病预防控制体系建设，高标准建设省级疾病预防控制中心，建立国家热带病研究中心海南分中心，加快推进各级疾病预防控制机构基础设施建设，优化实验室检验检测资源配置。加强公共卫生人才队伍建设，提升监测预警、检验检测、现场流行病学调查、应急处置和医疗救治能力。建设生物安全防护三级实验室和传染病防治研究所，强化全面检测、快速筛查能力，优化重要卫生应急物资储备和产能保障体系。健全优化重大疫情救治体系，建设传染病医疗服务网络，依托综合医院或专科医院建立省级和市级传染病医疗中心，改善传染病医疗中心和传染病医院基础设施和医疗条件。重点加强基层传染病医疗服务能力建设，提升县级综合医院传染病诊疗能力。构建网格化紧密型医疗集团，促进资源下沉、医防融合。完善基层医疗卫生机构标准化建设，强化常见病多发病诊治、公共卫生服务和健康管理能力。加强国际卫生检疫合作和国际疫情信息搜集与分析，提升口岸卫生检疫技术设施保障，建设一流的国际旅行卫生保健中心，严格落实出入境人员健康申报制度，加强对来自重点国家或地区的交通工具、人员和货物、物品的卫生检疫，强化联防联控，筑牢口岸检疫防线。加强对全球传染病疫情的监测，推进境外传染病疫情风险早期预警，严防重大传染病跨境传播。建立海关等多部门协作的境外疫病疫情和有害生物联防联控机制。提升进出口商品质量安全风险预警和快速反应监管能力，完善重点敏感进出口商品监管。

39. 生态风险防控。实行严格的进出境环境安全准入管理制度，禁止洋垃圾输入。推进医疗废物等危险废物处置设施建设，提升突发生态环境事件应急准备与响应能力。建立健全环保信用评价制度。

三、分步骤分阶段安排

（一）2025年前重点任务。围绕贸易投资自由化便利化，在有效监管基础上，有序推进开放进程，推动各类要素便捷高效流动，形成早期收获，适时启动全岛封关运作。

1. 加强海关特殊监管区域建设。在洋浦保税港区等具备条件的海关特殊监管区域率先实行"一线"放开、"二线"管住的进出口管理制度。根据海南自由贸易港建设需要，增设海关特殊监管区域。

2. 实行部分进口商品零关税政策。除法律法规和相关规定明确不予免税、国家规定禁止进口的商品外，对企业进口自用的生产设备，实行"零关税"负面清单管理；对岛内进口用于交通运输、旅游业的船舶、航空器等营运用交通工具及游艇，实行"零关税"正面清单管理；对岛内进口用于生产自用或以"两头在外"模式进行生产加工活动（或服务贸易过程中）所消耗的原辅料，实行"零关税"正面清单管理；对岛内居民消费的进境商品，实行正面清单管理，允许岛内免税购买。对实行"零关税"清单管理的货物及物品，免征进口关税、进口环节增值税和消费税。清单内容由有关部门根据海南实际需要和监管条件进行动态调整。放宽离岛免税购物额度至每年每人10万元，扩大免税商品种类。

3. 减少跨境服务贸易限制。在重点领域率先规范影响服务贸易自由便利的国内规制。制定出台海南自由贸易港跨境服务贸易负面清单，给予境外服务提供者国民待遇。建设海南国际知识产权交易所，在知识产权转让、运用和税收政策等方面开展制度创新，规范探索知识产权证券化。

4. 实行"极简审批"投资制度。制定出台海南自由贸易港放宽市场准入特别清单、外商投资准入负面清单。对先行开放的特定服务业领域所设立的外商投资企业，明确经营业务覆盖的地域范围。建立健全国家安全审查、产业准入环境标准和社会信用体系等制度，全面推行"极简审批"制度。深化"证照分离"改革。建立健全以信用监管为基础、与负面清单管理方式相适应的过程监管体系。

5. 试点改革跨境证券投融资政策。支持在海南自由贸易港内注册的境内企业根据境内外融资计划在境外发行股票，优先支持企业通过境外发行债券融资，将企业发行外债备案登记制管理下放至海南省发展改革部门。探索开展跨境资产管理业务试点，提高跨境证券投融资汇兑便利。试点海南自由贸易港内企业境外上市外汇登记直接到银行办理。

6. 加快金融业对内对外开放。培育、提升海南金融机构服务对外开放能力，支持金融业对外开放政策在海南自由贸易港率先实施。支持符合条件的境外证券基金期货经营机构在海南自由贸易港设立独资或合资金融机构。支持金融机构立足海南旅游业、现代服务业、高新技术产业等重点产业发展需要，创新金融产品，提升服务质效。依托海南自由贸易港建设，推动发展相关的场外衍生品业务。支持海南在优化升级现有交易场所的前提下，推进产权交易场所建设，研究允许非居民按照规定参与交易和进行资金结算。支持海南自由贸易港内已经设立的交易场所在会员、交易、税负、清算、交割、投资者权益保护、反洗钱等方面，建立与国际惯例接轨的规则和制度体系。在符合相关法律法规的前提下，支持在海南自由贸易港设立财产险、人身险、再保险公司以及相互保险组织和自保公司。

7. 增强金融服务实体经济能力。支持发行公司信用类债券、项目收益票据、住房租赁专项债券等。对有稳定现金流的优质旅游资产，推动开展证券化试点。支持金融机构在依法合规、有效防范风险的前提下，在服务贸易领域开展保单融资、仓单质押贷款、应收账款质押贷款、知识产权质押融资等业务。支持涉海高新技术企业利用股权、知识产权开展质押融资，规范、稳妥开发航运物流金融产品和供应链融资产品。依法有序推进人工智能、大数据、云计算等金融科技领域研究成果在海南自由贸易港率先落地。探索建立与国际商业保险付费体系相衔接的商业性医疗保险服务。支持保险业金融机构与境外机构合作开发跨境医疗保险产品。

8. 实施更加便利的免签入境措施。将外国人免签入境渠道由旅行社邀请接待扩展为外国人自行申报或通过单位邀请接待免签入境。放宽外国人申请免签入境事由限制，允许外国人以商贸、访问、探亲、就医、会展、体育竞技等事由申请免签入境海南。实施外国旅游团乘坐邮轮入境15天免签政策。

9. 实施更加开放的船舶运输政策。以"中国洋浦港"为船籍港，简化检验流程，逐步放开船舶法定检验，建立海南自由贸易港国际船舶登记中心，创新设立便捷、高效的船舶登记程序。取消船舶登记主体外资股比限制。在确保有效监管和风险可控的前提下，境内建造的船舶在"中国洋浦港"登记并从事国际运输的，视同出口并给予出口退税。对以洋浦港作为中转港从事内外贸同船运输的境内船舶，允许其加注本航次所需的保税油；对其加注本航次所需的本地生产燃料油，实行出口退税政策。对符合条件并经洋浦港中转离境的集装箱货物，试行启运港退税政策。加快推进琼州海峡港航一体化。

10. 实施更加开放的航空运输政策。在对等基础上，推动在双边航空运输协定中实现对双方承运人开放往返海南的第三、第四航权，并根据我国整体航空运输政策，扩大包括第五航权在内的海南自由贸易港建设所必需的航权安排。支持在海南试点开放第七航权。允许相关国家和地区航空公司承载经海南至第三国（地区）的客货业务。实施航空国际中转旅客及其行李通程联运。对位于海南的主基地航空公司开拓国际航线给予支持。允许海南进出岛航班加注保税航油。

11. 便利数据流动。在国家数据跨境传输安全管理制度框架下，开展数据跨境传输安全管理试点，探索形成既能便利数据流动又能保障安全的机制。

12. 深化产业对外开放。支持发展总部经济。举办中国国际消费品博览会，国家级展会境外展品在展期内进口和销售享受免税政策，免税政策由有关部门具体制定。支持海南大力引进国外优质医疗资源。总结区域医疗中心建设试点经验，研究支持海南建设区域医疗中心。允许境外理工农医类高水平大学、职业院校在海南自由贸易港独立办学，设立国际学校。推动国内重点高校引进国外知名院校在海南自由贸易港举办具有独立法人资格的中外合作办学机构。建设海南国家区块链技术和产业创新发展基地。

13. 优化税收政策安排。从本方案发布之日起，对注册在海南自由贸易港并实质性运营的鼓励类产业企业，减按15%征收企业所得税。对在海南自由贸易港设立的旅游业、现代服务业、高新技术产业企业，其2025年前新增境外直接投资取得的所得，免征企业所得税。对企业符合条件的资本性支出，允许在支出发生当期一次性税前扣除或加速折旧和摊销。对在海南自由贸易港工作的高端人才和紧缺人才，其个人所得税实际税负超过15%的部分，予以免征。对享受上述优惠政策的高端人才和紧缺人才实行清单管理，由海南省商财政部、税务总局制定具体管理办法。

14. 加大中央财政支持力度。中央财政安排综合财力补助，对地方财政减收予以适当弥补。鼓励海南在国务院批准的限额内发行地方政府债券支持自由贸易港项目建设。在有效防范风险的前提下，稳步增加海南地方政府专项债券发行额度，用于支持重大基础设施建设。鼓励在海南自由贸易港向全球符合条件的境外投资者发行地方政府债券。由海南统筹中央资金和自有财力，设立海南自由贸易港建设投资基金，按政府引导、市场化方式运作。

15. 给予充分法律授权。本方案提出的各项改革政策措施，凡涉及调整现行法律或行政法规的，经全国人大及其常委会或国务院统一授权后实施。

研究简化调整现行法律或行政法规的工作程序，推动尽快落地。授权海南制定出台自由贸易港商事注销条例、破产条例、公平竞争条例、征收征用条例。加快推动制定出台海南自由贸易港法。

16. 强化用地用海保障。授权海南在不突破海南省国土空间规划明确的生态保护红线、永久基本农田面积、耕地和林地保有量、建设用地总规模等重要指标并确保质量不降低的前提下，按照国家规定的条件，对全省耕地、永久基本农田、林地、建设用地布局调整进行审批并纳入海南省和市县国土空间规划。积极推进城乡及垦区一体化协调发展和小城镇建设用地新模式，推进农垦土地资产化。建立集约节约用地制度、评价标准以及存量建设用地盘活处置政策体系。总结推广文昌农村土地制度改革三项试点经验，支持海南在全省深入推进农村土地制度改革。依法保障国家重大项目用海需求。

17. 做好封关运作准备工作。制定出台海南自由贸易港进口征税商品目录、限制进口货物物品清单、禁止进口货物物品清单、限制出口货物物品清单、禁止出口货物物品清单、运输工具管理办法，以及与内地海关通关单证格式规范、与内地海关通关操作规程、出口通关操作规程等，增加对外开放口岸，建设全岛封关运作的配套设施。

18. 适时启动全岛封关运作。2025年前，适时全面开展全岛封关运作准备工作情况评估，查堵安全漏洞。待条件成熟后再实施全岛封关运作，不再保留洋浦保税港区、海口综合保税区等海关特殊监管区域。相关监管实施方案由有关部门另行制定。在全岛封关运作的同时，依法将现行增值税、消费税、车辆购置税、城市维护建设税及教育费附加等税费进行简并，启动在货物和服务零售环节征收销售税相关工作。

（二）2035年前重点任务。进一步优化完善开放政策和相关制度安排，全面实现贸易自由便利、投资自由便利、跨境资金流动自由便利、人员进出自由便利、运输来往自由便利和数据安全有序流动，推进建设高水平自由贸易港。

1. 实现贸易自由便利。进一步创新海关监管制度，建立与总体国家安全观相适应的非关税贸易措施体系，建立自由进出、安全便利的货物贸易管理制度，实现境外货物在海南自由贸易港进出自由便利。建立健全跨境支付业务相关制度，营造良好的支付服务市场环境，提升跨境支付服务效率，依法合规推动跨境服务贸易自由化便利化。

2. 实现投资自由便利。除涉及国家安全、社会稳定、生态保护红线、重大公共利益等国家实行准入管理的领域外，全面放开投资准入。在具有强制性标准的领域，建立"标准制＋承诺制"的投资制度，市场主体对符合相关要求作出承诺，即可开展投资经营活动。

3. 实现跨境资金流动自由便利。允许符合一定条件的非金融企业，根据实际融资需要自主借用外债，最终实现海南自由贸易港非金融企业外债项下完全可兑换。

4. 实现人员进出自由便利。进一步放宽人员自由进出限制。实行更加宽松的商务人员临时出入境政策、便利的工作签证政策，进一步完善居留制度。

5. 实现运输来往自由便利。实行特殊的船舶登记审查制度。进一步放宽空域管制与航路航权限制。鼓励国内外航空公司增加运力投放，增开航线航班。根据双边航空运输协定，在审核外国航空公司国际航线经营许可时，优先签发至海南的国际航线航班许可。

6. 实现数据安全有序流动。创新数据出境安全的制度设计，探索更加便利的个人信息安全出境评估办法。开展个人信息入境制度性对接，探索加入区域性国际数据跨境流动制度安排，提升数据传输便利性。积极参与跨境数据流动国际规则制定，建立数据确权、数据交易、数据安全和区块链金融的标准和规则。

7. 进一步推进财税制度改革。对注册在海南自由贸易港并实质性运营的企业（负面清单行业除外），减按15%征收企业所得税。对一个纳税年度内在海南自由贸易港累计居住满183天的个人，其取得来源于海南自由贸易港范围内的综合所得和经营所得，按照3%、10%、15%三档超额累进税率征收个人所得税。扩大海南地方税收管理权限。企业所得税、个人所得税作为中央与地方共享收入，销售税及其他国内税种收入作为地方收入。授权海南根据自由贸易港发展需要，自主减征、免征、缓征除具有生态补偿性质外的政府性基金，自主设立涉企行政事业性收费项目。对中央级行政事业性收费，按照中央统一规定执行。中央财政支持政策结合税制变化情况相应调整，并加大支持力度。进一步研究改进补贴政策框架，为我国参与补贴领域国际规则制定提供参考。

四、组织实施

（一）加强党的全面领导。坚持用习近平新时代中国特色社会主义思想武装党员干部头脑，认真贯彻落实党中央、国务院决策部署，增强"四个意识"，坚定"四个自信"，做到"两个维护"。建立健全党对海南自由贸易港建设工作的领导体制机制，充分发挥党总揽全局、协调各方的作用，加强党对海南自由贸易港建设各领域各方面各环节的领导。以党的政治建设为统领，以提升组织力为重点，全面提高党的建设质量，为海南自由贸易港建设提供坚强政治保障。加强基层党组织建设，引导广大党员发挥先锋模范作用，把基层党组织建设成为海南推动自由贸易港建设的坚强战斗堡垒。完善体现新发展理念和正确政绩观要求的干部考核评价体系，建立激励机制和容错纠错机制，旗帜鲜明地为敢于担当、踏实做事、不谋私利的干部撑腰鼓劲。把社会主义核心价值观融入经济社会发展各方面。持之以恒正风肃纪，强化纪检监察工作，营造风清气正良好环境。

（二）健全实施机制。在推进海南全面深化改革开放领导小组指导下，海南省要切实履行主体责任，加强组织领导，全力推进海南自由贸易港建设各项工作。中央和国家机关有关单位要按照本方案要求，主动指导推动海南自由贸易港建设，进一步细化相关政策措施，制定出台实施方案，确保政策落地见效。推进海南全面深化改革开放领导小组办公室牵头成立指导海南推进自由贸易港建设工作小组，由国家发展改革委、财政部、商务部、中国人民银行、海关总署等部门分别派出干部驻海南实地指导开展自由贸易港建设工作，有关情况及时上报领导小组。国务院发展研究中心组织对海南自由贸易港建设开展全过程评估，牵头设立专家咨询委员会，为海南自由贸易港建设建言献策。

（三）稳步推进政策落地。加大督促落实力度，将各项政策举措抓实抓细抓出成效。认真研究和妥善解决海南自由贸易港建设中遇到的新情况新问题，对一些重大政策措施做好试点工作，积极稳妥推进方案实施。

附录 2

中华人民共和国海南自由贸易港法

(2021 年 6 月 10 日第十三届全国人民代表大会常务委员会
第二十九次会议通过)

第一章 总 则

第一条 为了建设高水平的中国特色海南自由贸易港，推动形成更高层次改革开放新格局，建立开放型经济新体制，促进社会主义市场经济平稳健康可持续发展，制定本法。

第二条 国家在海南岛全岛设立海南自由贸易港，分步骤、分阶段建立自由贸易港政策和制度体系，实现贸易、投资、跨境资金流动、人员进出、运输来往自由便利和数据安全有序流动。

海南自由贸易港建设和管理活动适用本法。本法没有规定的，适用其他有关法律法规的规定。

第三条 海南自由贸易港建设，应当体现中国特色，借鉴国际经验，围绕海南战略定位，发挥海南优势，推进改革创新，加强风险防范，贯彻创新、协调、绿色、开放、共享的新发展理念，坚持高质量发展，坚持总体国家安全观，坚持以人民为中心，实现经济繁荣、社会文明、生态宜居、人民幸福。

第四条 海南自由贸易港建设，以贸易投资自由化便利化为重点，以各类生产要素跨境自由有序安全便捷流动和现代产业体系为支撑，以特殊的税收制度安排、高效的社会治理体系和完备的法治体系为保障，持续优化法治化、国际化、便利化的营商环境和公平统一高效的市场环境。

第五条 海南自由贸易港实行最严格的生态环境保护制度，坚持生态优先、绿色发展，创新生态文明体制机制，建设国家生态文明试验区。

第六条 国家建立海南自由贸易港建设领导机制，统筹协调海南自由贸易港建设重大政策和重大事项。国务院发展改革、财政、商务、金融管理、海关、税务等部门按照职责分工，指导推动海南自由贸易港建设相关工作。

国家建立与海南自由贸易港建设相适应的行政管理体制，创新监管模式。

海南省应当切实履行责任，加强组织领导，全力推进海南自由贸易港建设各项工作。

第七条　国家支持海南自由贸易港建设发展，支持海南省依照中央要求和法律规定行使改革自主权。国务院及其有关部门根据海南自由贸易港建设的实际需要，及时依法授权或者委托海南省人民政府及其有关部门行使相关管理职权。

第八条　海南自由贸易港构建系统完备、科学规范、运行有效的海南自由贸易港治理体系，推动政府机构改革和职能转变，规范政府服务标准，加强预防和化解社会矛盾机制建设，提高社会治理智能化水平，完善共建共治共享的社会治理制度。

国家推进海南自由贸易港行政区划改革创新，优化行政区划设置和行政区划结构体系。

第九条　国家支持海南自由贸易港主动适应国际经济贸易规则发展和全球经济治理体系改革新趋势，积极开展国际交流合作。

第十条　海南省人民代表大会及其常务委员会可以根据本法，结合海南自由贸易港建设的具体情况和实际需要，遵循宪法规定和法律、行政法规的基本原则，就贸易、投资及相关管理活动制定法规（以下称海南自由贸易港法规），在海南自由贸易港范围内实施。

海南自由贸易港法规应当报送全国人民代表大会常务委员会和国务院备案；对法律或者行政法规的规定作变通规定的，应当说明变通的情况和理由。

海南自由贸易港法规涉及依法应当由全国人民代表大会及其常务委员会制定法律或者由国务院制定行政法规事项的，应当分别报全国人民代表大会常务委员会或者国务院批准后生效。

第二章　贸易自由便利

第十一条　国家建立健全全岛封关运作的海南自由贸易港海关监管特殊区域制度。在依法有效监管基础上，建立自由进出、安全便利的货物贸易管理制度，优化服务贸易管理措施，实现贸易自由化便利化。

第十二条　海南自由贸易港应当高标准建设口岸基础设施，加强口岸公共卫生安全、国门生物安全、食品安全、商品质量安全管控。

第十三条　在境外与海南自由贸易港之间，货物、物品可以自由进出，海关依法进行监管，列入海南自由贸易港禁止、限制进出口货物、物品清单的除外。

前款规定的清单，由国务院商务主管部门会同国务院有关部门和海南省制定。

第十四条　货物由海南自由贸易港进入境内其他地区（以下简称内地），原则上按进口规定办理相关手续。物品由海南自由贸易港进入内地，按规定进行监管。对海南自由贸易港前往内地的运输工具，简化进口管理。

货物、物品以及运输工具由内地进入海南自由贸易港，按国内流通规定管理。

货物、物品以及运输工具在海南自由贸易港和内地之间进出的具体办法由国务院有关部门会同海南省制定。

第十五条　各类市场主体在海南自由贸易港内依法自由开展货物贸易以及相关活动，海关实施低干预、高效能的监管。

在符合环境保护、安全生产等要求的前提下，海南自由贸易港对进出口货物不设存储期限，货物存放地点可以自由选择。

第十六条　海南自由贸易港实行通关便利化政策，简化货物流转流程和手续。除依法需要检验检疫或者实行许可证件管理的货物外，货物进入海南自由贸易港，海关按照有关规定径予放行，为市场主体提供通关便利服务。

第十七条　海南自由贸易港对跨境服务贸易实行负面清单管理制度，并实施相配套的资金支付和转移制度。对清单之外的跨境服务贸易，按照内外一致的原则管理。

海南自由贸易港跨境服务贸易负面清单由国务院商务主管部门会同国务院有关部门和海南省制定。

第三章　投资自由便利

第十八条　海南自由贸易港实行投资自由化便利化政策，全面推行极简审批投资制度，完善投资促进和投资保护制度，强化产权保护，保障公平竞争，营造公开、透明、可预期的投资环境。

海南自由贸易港全面放开投资准入，涉及国家安全、社会稳定、生态保护红线、重大公共利益等国家实行准入管理的领域除外。

第十九条　海南自由贸易港对外商投资实行准入前国民待遇加负面清单管理制度。特别适用于海南自由贸易港的外商投资准入负面清单由国务院有关部门会同海南省制定，报国务院批准后发布。

第二十条　国家放宽海南自由贸易港市场准入。海南自由贸易港放宽市场准入特别清单（特别措施）由国务院有关部门会同海南省制定。

海南自由贸易港实行以过程监管为重点的投资便利措施，逐步实施市场准入承诺即入制。具体办法由海南省会同国务院有关部门制定。

第二十一条　海南自由贸易港按照便利、高效、透明的原则，简化办事程序，提高办事效率，优化政务服务，建立市场主体设立便利、经营便利、注销便利等制度，优化破产程序。具体办法由海南省人民代表大会及其常务委员会制定。

第二十二条　国家依法保护自然人、法人和非法人组织在海南自由贸易港内的投资、收益和其他合法权益，加强对中小投资者的保护。

第二十三条　国家依法保护海南自由贸易港内自然人、法人和非法人组织的知识产权，促进知识产权创造、运用和管理服务能力提升，建立健全知识产权领域信用分类监管、失信惩戒等机制，对知识产权侵权行为，严格依法追究法律责任。

第二十四条　海南自由贸易港建立统一开放、竞争有序的市场体系，强化竞争政策的基础性地位，落实公平竞争审查制度，加强和改进反垄断和反不正当竞争执法，保护市场公平竞争。

海南自由贸易港的各类市场主体，在准入许可、经营运营、要素获取、标准制定、优惠政策等方面依法享受平等待遇。具体办法由海南省人民代表大会及其常务委员会制定。

第四章　财政税收制度

第二十五条　在海南自由贸易港开发建设阶段，中央财政根据实际，结合税制变化情况，对海南自由贸易港给予适当财政支持。鼓励海南省在国务院批准的限额内发行地方政府债券支持海南自由贸易港项目建设。海南省设立政府引导、市场化方式运作的海南自由贸易港建设投资基金。

第二十六条 海南自由贸易港可以根据发展需要，自主减征、免征、缓征除具有生态补偿性质外的政府性基金。

第二十七条 按照税种结构简单科学、税制要素充分优化、税负水平明显降低、收入归属清晰、财政收支基本均衡的原则，结合国家税制改革方向，建立符合需要的海南自由贸易港税制体系。

全岛封关运作时，将增值税、消费税、车辆购置税、城市维护建设税及教育费附加等税费进行简并，在货物和服务零售环节征收销售税；全岛封关运作后，进一步简化税制。

国务院财政部门会同国务院有关部门和海南省及时提出简化税制的具体方案。

第二十八条 全岛封关运作、简并税制后，海南自由贸易港对进口征税商品实行目录管理，目录之外的货物进入海南自由贸易港，免征进口关税。进口征税商品目录由国务院财政部门会同国务院有关部门和海南省制定。

全岛封关运作、简并税制前，对部分进口商品，免征进口关税、进口环节增值税和消费税。

对由海南自由贸易港离境的出口应税商品，征收出口关税。

第二十九条 货物由海南自由贸易港进入内地，原则上按照进口征税；但是，对鼓励类产业企业生产的不含进口料件或者含进口料件在海南自由贸易港加工增值达到一定比例的货物，免征关税。具体办法由国务院有关部门会同海南省制定。

货物由内地进入海南自由贸易港，按照国务院有关规定退还已征收的增值税、消费税。

全岛封关运作、简并税制前，对离岛旅客购买免税物品并提货离岛的，按照有关规定免征进口关税、进口环节增值税和消费税。全岛封关运作、简并税制后，物品在海南自由贸易港和内地之间进出的税收管理办法，由国务院有关部门会同海南省制定。

第三十条 对注册在海南自由贸易港符合条件的企业，实行企业所得税优惠；对海南自由贸易港内符合条件的个人，实行个人所得税优惠。

第三十一条　海南自由贸易港建立优化高效统一的税收征管服务体系，提高税收征管服务科学化、信息化、国际化、便民化水平，积极参与国际税收征管合作，提高税收征管服务质量和效率，保护纳税人的合法权益。

第五章　生态环境保护

第三十二条　海南自由贸易港健全生态环境评价和监测制度，制定生态环境准入清单，防止污染，保护生态环境；健全自然资源资产产权制度和有偿使用制度，促进资源节约高效利用。

第三十三条　海南自由贸易港推进国土空间规划体系建设，实行差别化的自然生态空间用途管制，严守生态保护红线，构建以国家公园为主体的自然保护地体系，推进绿色城镇化、美丽乡村建设。

海南自由贸易港严格保护海洋生态环境，建立健全陆海统筹的生态系统保护修复和污染防治区域联动机制。

第三十四条　海南自由贸易港实行严格的进出境环境安全准入管理制度，加强检验检疫能力建设，防范外来物种入侵，禁止境外固体废物输入；提高医疗废物等危险废物处理处置能力，提升突发生态环境事件应急准备与响应能力，加强生态风险防控。

第三十五条　海南自由贸易港推进建立政府主导、企业和社会参与、市场化运作、可持续的生态保护补偿机制，建立生态产品价值实现机制，鼓励利用市场机制推进生态环境保护，实现可持续发展。

第三十六条　海南自由贸易港实行环境保护目标责任制和考核评价制度。县级以上地方人民政府对本级人民政府负有环境监督管理职责的部门及其负责人和下级人民政府及其负责人的年度考核，实行环境保护目标完成情况一票否决制。

环境保护目标未完成的地区，一年内暂停审批该地区新增重点污染物排放总量的建设项目环境影响评价文件；对负有责任的地方人民政府及负有环境监督管理职责的部门的主要责任人，一年内不得提拔使用或者转任重要职务，并依法予以处分。

第三十七条　海南自由贸易港实行生态环境损害责任终身追究制。对违背科学发展要求、造成生态环境严重破坏的地方人民政府及有关部门主要负责人、直接负责的主管人员和其他直接责任人员,应当严格追究责任。

第六章　产业发展与人才支撑

第三十八条　国家支持海南自由贸易港建设开放型生态型服务型产业体系,积极发展旅游业、现代服务业、高新技术产业以及热带特色高效农业等重点产业。

第三十九条　海南自由贸易港推进国际旅游消费中心建设,推动旅游与文化体育、健康医疗、养老养生等深度融合,培育旅游新业态新模式。

第四十条　海南自由贸易港深化现代服务业对内对外开放,打造国际航运枢纽,推动港口、产业、城市融合发展,完善海洋服务基础设施,构建具有国际竞争力的海洋服务体系。

境外高水平大学、职业院校可以在海南自由贸易港设立理工农医类学校。

第四十一条　国家支持海南自由贸易港建设重大科研基础设施和条件平台,建立符合科研规律的科技创新管理制度和国际科技合作机制。

第四十二条　海南自由贸易港依法建立安全有序自由便利的数据流动管理制度,依法保护个人、组织与数据有关的权益,有序扩大通信资源和业务开放,扩大数据领域开放,促进以数据为关键要素的数字经济发展。

国家支持海南自由贸易港探索实施区域性国际数据跨境流动制度安排。

第四十三条　海南自由贸易港实施高度自由便利开放的运输政策,建立更加开放的航运制度和船舶管理制度,建设"中国洋浦港"船籍港,实行特殊的船舶登记制度;放宽空域管制和航路限制,优化航权资源配置,提升运输便利化和服务保障水平。

第四十四条　海南自由贸易港深化人才发展体制机制改革,创新人才培养支持机制,建立科学合理的人才引进、认定、使用和待遇保障机制。

第四十五条　海南自由贸易港建立高效便利的出境入境管理制度,逐步实施更大范围适用免签入境政策,延长免签停留时间,优化出境入境检查管理,提供出境入境通关便利。

第四十六条　海南自由贸易港实行更加开放的人才和停居留政策,实行更加宽松的人员临时出境入境政策、便利的工作签证政策,对外国人工作许可实行负面清单管理，进一步完善居留制度。

第四十七条　海南自由贸易港放宽境外人员参加职业资格考试的限制，对符合条件的境外专业资格认定，实行单向认可清单制度。

第七章　综合措施

第四十八条　国务院可以根据海南自由贸易港建设的需要，授权海南省人民政府审批由国务院审批的农用地转为建设用地和土地征收事项；授权海南省人民政府在不突破海南省国土空间规划明确的生态保护红线、永久基本农田面积、耕地和林地保有量、建设用地总规模等重要指标并确保质量不降低的前提下，按照国家规定的条件，对全省耕地、永久基本农田、林地、建设用地布局调整进行审批。

海南自由贸易港积极推进城乡及垦区一体化协调发展和小城镇建设用地新模式，推进农垦土地资产化。

依法保障海南自由贸易港国家重大项目用海需求。

第四十九条　海南自由贸易港建设应当切实保护耕地，加强土地管理，建立集约节约用地制度、评价标准以及存量建设用地盘活处置制度。充分利用闲置土地，以出让方式取得土地使用权进行开发的土地，超过出让合同约定的竣工日期一年未竣工的，应当在竣工前每年征收出让土地现值一定比例的土地闲置费。具体办法由海南省制定。

第五十条　海南自由贸易港坚持金融服务实体经济，推进金融改革创新，率先落实金融业开放政策。

第五十一条　海南自由贸易港建立适应高水平贸易投资自由化便利化需要的跨境资金流动管理制度，分阶段开放资本项目，逐步推进非金融企业外债项下完全可兑换，推动跨境贸易结算便利化，有序推进海南自由贸易港与境外资金自由便利流动。

第五十二条　海南自由贸易港内经批准的金融机构可以通过指定账户或者在特定区域经营离岸金融业务。

第五十三条　海南自由贸易港加强社会信用体系建设和应用，构建守信激励和失信惩戒机制。

第五十四条　国家支持探索与海南自由贸易港相适应的司法体制改革。

海南自由贸易港建立多元化商事纠纷解决机制，完善国际商事纠纷案件集中审判机制，支持通过仲裁、调解等多种非诉讼方式解决纠纷。

第五十五条　海南自由贸易港建立风险预警和防控体系，防范化解重大风险。

海关负责口岸和其他海关监管区的常规监管，依法查缉走私和实施后续监管。海警机构负责查处海上走私违法行为。海南省人民政府负责全省反走私综合治理工作，加强对非设关地的管控，建立与其他地区的反走私联防联控机制。境外与海南自由贸易港之间、海南自由贸易港与内地之间，人员、货物、物品、运输工具等均需从口岸进出。

在海南自由贸易港依法实施外商投资安全审查制度，对影响或者可能影响国家安全的外商投资进行安全审查。

海南自由贸易港建立健全金融风险防控制度，实施网络安全等级保护制度，建立人员流动风险防控制度，建立传染病和突发公共卫生事件监测预警机制与防控救治机制，保障金融、网络与数据、人员流动和公共卫生等领域的秩序和安全。

第八章　附　则

第五十六条　对本法规定的事项，在本法施行后，海南自由贸易港全岛封关运作前，国务院及其有关部门和海南省可以根据本法规定的原则，按照职责分工，制定过渡性的具体办法，推动海南自由贸易港建设。

第五十七条　本法自公布之日起施行。

参考文献

［1］蔡伟良，陈杰．当代阿拉伯联合酋长国社会与文化［J］．上海外语教育出版社，2007（11）．

［2］曹晓路，王崇敏．建设自由贸易港的国际经验与海南路径［J］．国际贸易，2020（4）．

［3］曹晓路，王崇敏．中国特色自由贸易港离岸金融的创新路径与立法保障：以海南自由贸易港离岸金融创新为视角［J］．暨南学报（哲学社会科学版），2019（4）．

［4］陈诚，林志刚，任春杨．探索建设自由贸易港的政策安排与路径分析［J］．国际贸易，2018（5）．

［5］成思危．从保税区到自由贸易区：中国保税区的改革与发展［J］．经济科学出版社，2003（5）．

［6］迟福林．策论海南自由贸易港［M］．海口：海南出版社，2020．

［7］崔凡，李淼，吴嵩博．论中国自由贸易港的战略意义与功能定位［J］．国际贸易，2018（4）．

［8］崔卫杰．正确认识自由贸易港的发展方向［J］．海外投资与出口信贷，2017（6）．

［9］村华．上海自贸区建设对上海航运业的影响［J］．交通与运输，2014（5）．

［10］戴哲斌．港口物流中心的运作模式［J］．中国水运，2003（3）．

［11］邓春，翟羽．欧亚典型港口经济发展经验与模式分析：以鹿特丹港、新加坡港和台湾港口为例［J］．产业与科技论坛，2017（8）．

［12］樊素杰，王广中．世界自由经济区［M］．北京，人民出版社，1994．

［13］冯尔策．海南自由贸易港建设背景下海关通关监管流程再造问题

研究 [D]. 海南大学, 2022.

[14] 冯俏彬. 建设海南自由贸易港的相关税收制度解析 [J]. 税务研究, 2020 (9).

[15] 符正平. 论中国特色自由贸易港的建设模式 [J]. 区域经济评论, 2018 (2).

[16] 郭澄澄. 新加坡从全球自由贸易港转型为全球创新中心的启示 [J]. 华东科技, 2017 (2).

[17] 郭信昌. 世界自由港和自由贸易区概论 [M]. 北京:北京航空学院出版社, 1987 (7).

[18] 郭永泉. 海南自由贸易港的封关运作和分线管理:从海关特殊监管区域到海关监管特殊区域 [J]. 南海学刊, 2021 (2).

[19] 赫璟, 张怀松. 海南自由贸易港建设可借鉴新加坡经验 [N]. 国际商报, 2020-08-18 (007).

[20] 胡方. 国际典型自由贸易港的建设与发展经验梳理:以香港、新加坡、迪拜为例 [J]. 人民论坛·学术前沿, 2019 (22).

[21] 胡耀蕾, 胡德宁. 我国自由贸易港构建的国际经验借鉴与实施建议 [J]. 对外经贸实务, 2018 (8).

[22] 黄庆平, 李猛. 国际竞争性税制经验对中国探索建设自由贸易港的启示 [J]. 国际贸易, 2019 (9).

[23] 黄庆平, 袁始烨. 自贸港的未来:基于负面清单管理的国际经验 [J]. 经济体制改革, 2018 (3).

[24] 蒋丹萍. 比较我国保税区与汉堡自由贸易区 [J]. 政策研究, 2009 (7).

[25] 蓝庆新, 韩萌. 我国自由贸易港创新机制研究 [J]. 当代经济管理, 2019 (8).

[26] 郎丽华, 冯雪. 自贸试验区促进了地区经济的平稳增长吗?:基于数据包络分析和双重差分法的验证 [J]. 经济问题探索, 2020 (10).

[27] 李娟. 鹿特丹港"转变运输方式"计划及借鉴 [J]. 水运管理, 2013 (3).

[28] 李猛. 建设中国自由贸易港的思路:以发展离岸贸易、离岸金融

业务为主要方向［J］.国际贸易，2018（4）.

［29］李世杰，余升国.服务贸易创新发展试点与海南自由贸易港建设内洽机制探讨［J］.南海学刊，2020，6（1）.

［30］李宪建.国内自由贸易试验区对周边区域经济发展的影响及对策研究：以福建自由贸易试验区对宁德经济发展的影响为视角［J］.北方经济，2016（7）.

［31］刘秉镰，吕程.自由贸易试验区对地区经济影响的差异性分析：基于合成控制法的比较研究［J］.国际贸易问题，2018（3）.

［32］刘道远，闫娅君.海南自由贸易港法律制度创新建设问题探讨［J］.行政管理改革，2019（5）.

［33］刘宏.保税区发展途径之我见［J］.宏观经济研究，2007（1）.

［34］刘恩专.世界自由贸易港区发展经验与政策体系［M］.上海：格致出版社，2018.

［35］刘薇.海南自由贸易港（区）建设财税体制优化研究［J］.地方财政研究，2019（10）.

［36］陆燕.海南自由贸易港建设在全球贸易中的作用［J］.人民论坛，2020（19）.

［37］罗芳，宋慧晔.中国（上海）自由贸易试验区对金融服务业发展的促进作用.［J］中国集体经济，2014（15）.

［38］闵德权，吴冬情，赵琼.自由贸易港框架下的上海邮轮产业发展分析［J］.水运管理，2018（11）.

［39］裴长洪，刘斌，李越.中国特色自由贸易港发展模式探索［J］.国际商务（对外经济贸易大学学报），2019（1）.

［40］桑百川，邓寅.探索建设自由贸易港：模式与方向［J］.国际贸易，2018（3）.

［41］沈玉良，彭羽.海南自由贸易港建设思路［J］.中国口岸科学技术，2020（4）.

［42］盛斌.天津自由贸易试验区：制度创新的综合试验田［J］.国际贸易，2015（1）.

［43］史本叶，王晓娟.探索建设中国特色自由贸易港：理论解析、经

验借鉴与制度体系构建 [J]. 北京大学学报（哲学社会科学版），2019（4）.

[44] 宋黎. 保税区现阶段的功能定位和发展建议 [J]. 商场现代化，2006（12）.

[45] 孙宝忠. 鹿特丹港规划建设和运营管理的经验及思考 [J]. 港口经济，2014（9）.

[46] 孙建军，胡佳. 欧亚三大港口物流发展模式的比较及其启示：以鹿特丹港、新加坡港、香港港为例 [J]. 华东交通大学学报，2014（1）.

[47] 汤婧. "封关运作"：海南自贸港海关监管的新使命与新探索 [J]. 中国发展观察，2020（17）.

[48] 田珍. 中国建设自由贸易港的战略意义与发展措施 [J]. 国际经济合作，2017（12）.

[49] 仝菲. 阿拉伯联合酋长国现代化进程研究 [D]. 西安：西北大学，2010.

[50] 王淑敏，陈晓. 中国自由贸易港发展离岸贸易的必要性及可行性问题研究 [J]. 海关与经贸研究，2018（2）.

[51] 王艳红，孟广文. 我国自由贸易港建设存在的难点和对策 [J]. 经济纵横，2018（5）.

[52] 王珍珍，赵富蓉. 自由贸易港建设：内涵、基础及效应分析 [J]. 北京工业大学学报（社会科学版），2018（5）.

[53] 徐志泉. 基于海南自由贸易试验区建设的海洋现代服务业构建 [J]. 管理观察，2019.

[54] 严珊珊，庄赟. 福建自贸区金融业效率实证研究 [J]. 集美大学学报（哲社版），2016（4）.

[55] 叶修群. 自由贸易试验区与经济增长：基于准自然实验的实证研究 [J]. 经济评论，2018（4）.

[56] 余淼杰. 建设海南自贸港彰显中国深度融入世界 [N]. 中华工商时报，2020-06-11（003）.

[57] 余南平. 中国自由贸易港建设：定位与路径 [J]. 探索与争鸣，2018（3）.

[58] 詹其怪. 亚太地区自由港热及对我国的启示 [J]. 亚太经济，1989（2）.

[59] 张海波. 保税区向自由贸易区转型的制度研究 [J]. 北方经济, 2006 (9).

[60] 张军, 闫东升, 冯宗宪, 李诚. 自由贸易港设立能够有效促进经济增长吗: 基于双重差分方法的动态视角研究 [J]. 经济问题探索, 2018 (11).

[61] 张世坤. 保税区向自由贸易区转型的模式研究 [J]. 大连理工大学, 2005 (3).

[62] 张昭昭. 海南自由贸易港建设的产业特色与发展保障 [J]. 对外经贸实务, 2020 (3).

[63] 赵晋平. 海南自由贸易港新论 [M]. 海口: 海南出版社, 2023.

[64] 赵晋平. 试论海南自由贸易港 [M]. 海口: 海南出版社, 2020.

[65] 赵晋平, 文丰安. 自由贸易港建设的价值与趋势 [J]. 改革, 2018 (5).

[66] 郑先红, 马志毅, 王思行. 海南自由贸易港法治建设现状、难点及对策建议 [J]. 中国司法, 2020 (1).

[67] 郑燕, 蒋军, 郑雷. 基于税收视角的自由贸易港建设国际比较与政策建议 [J]. 国际税收, 2018 (12).

[68] 周运源. 保税区功能及发展路向选择 [J]. 经济学家, 2002 (5).

[69] 竺彩华, 李光辉, 白光裕. 中国建设自由贸易港的目标定位及相关建议 [J]. 国际贸易, 2018 (3).

[70] 朱福林. 世界现代自由贸易港现状、发展趋势与经验借鉴 [J]. 兰州学刊, 2018 (11).

[71] 朱福林. 中国特色自由贸易港建设问题与探究 [J]. 当代经济管理, 2020, 42 (1).

[72] 朱奕名. 推进中国特色自由贸易港政策体系建设研究 [J]. 价格月刊, 2019 (11).

[73]《海南自由贸易港"一线放开、二线管住"通关监管模式创新研究》课题组. 海南自由贸易港"一线放开、二线管住"通关监管模式创新研究 [M]. 北京: 中国财政经济出版社, 2022.

[74] Benton C N, Napier M, Uelkue M A. On Supply Chain Integration to

Free Trade Zones: The Case of the United States of America [J]. Global Business Review, 2016 (4).

[75] Castilho M, Menéndez, Marta, Sztulman A. Poverty changes in Manaus: Legacy of a Brazilian free trade zone? [J]. Review of Development Economics, 2019, 23.

[76] Deng X, Wang Y, Yeo G T. Enterprise Perspective-based Evaluation of Free Trade Port Areas in China [J]. Maritime Economics & Logistics, 2016 (3).

[77] Giovanni, Facchini, and, et al. The gains from duty free zones [J]. Journal of International Economics, 1999.

[78] Grubel, Herbert G. Towards a Tlieory of Free Economic Zones, Review of World Economics [J]. Journal of international Economics, 1982 (1).

[79] Hu, Wang, He. Comparative Advantages of Free Trade Port Construction in Shanghai under the Belt and Road Initiative [J]. International Journal of Financial Studies, 2020 (1).

[80] Jenkins G P, Kuo C Y. Taxing mobile capital in free trade zones to the detriment of workers [J]. Routledge, 2019 (3).

[81] Khasanovna V M. Improving the position of uzbekistan in the doing business rating as an opportunity to increase the attractiveness of free economic zones [J]. South Asian Journal of Marketing & Management Research, 2019 (12).

[82] Kuzieva N., Kuzieva N R. Free economic zones of Uzbekistan: development, operation and features of the tax regime [J]. 2020.

[83] Karimovich M R. World experience in the development of free economic zones [J]. South Asian Journal of Marketing & Management Research, 2018 (9).

[84] Lavissière, Alexandre, Rodrigue J P. Free ports: towards a network of trade gateways [J]. Journal of Shipping & Trade, 2017 (1).

[85] Leslie, Young, and, et al. Unemployment and the formation of duty-free zones [J]. Journal of Development Economics, 1987 (2).

[86] Neequaye E N, Huang D, Amowine N, et al. Empirical Analysis of the Economic Benefits of Free Ports and Their Challenges to Ghana: A Cross-Sectional Survey of Tema Harbour [J]. Open Journal of Social Sciences, 2018 (4).

[87] Rashidov M. The main factors of development free economic zones [J]. South Asian Journal of Marketing and Management Research, 2018 (8).

[88] Tian W, Xu Z, Yu M, et al. China's Free Trade Ports: Effective Action Against the Threat of De-globalization [J]. China & World Economy, 2018 (4).

[89] Xiong L, Zhong M. Study on the Effects of Industrial Agglomeration in Polit Free Trade Zone——the Case of China (Fujian) Polit Free Trade Zone [J]. IOP Conference Series Materials Science and Engineering, 2018, 394.

[90] Wang J, Jiang X, Shan C. International Reference for Efficiency of Shanghai Transportation Service Trade in the Construction of a Free Trade Port [J]. Journal of Coastal Research, 2019, 98.

[91] Zhichao Ding, Yinyuxing Zhao. An Analysis of the Competitive Advantage of Service Trade in the Exploration Process of Hainan Island [J]. Journal of Global Economy, Business and Finance, 2020 (6).